Découvrez des Jeux Gratuits en Ligne

Disponible Ici :

BestActivityBooks.com/FREEGAMES

5 ASTUCES POUR DÉMARRER !

1) COMMENT RÉSOUDRE LES MOTS MÊLÉS

Les puzzles sont dans un format classique :

- Les mots sont cachés sans espaces, tirets, ...
- Orientation : Les mots peuvent être écrits en avant, en arrière, vers le haut, vers le bas ou en diagonale (ils peuvent être inversés).
- Les mots peuvent se chevaucher ou se croiser.

2) UN APPRENTISSAGE ACTIF

Un espace est prévu à côté de chaque mots pour noter la traduction. Pour favoriser un apprentissage actif un **DICTIONNAIRE** à la fin de cette édition vous permettra de vérifier et étendre vos connaissances. Cherchez et notez les traductions, trouvez-les dans le Puzzle et ajoutez-les à votre vocabulaire !

3) MARQUEZ LES MOTS

Vous pouvez inventer votre propre système de marquage. Peut-être en utilisez-vous déjà un ? Sinon, vous pourriez, par exemple, marquer les mots qui ont été difficiles à trouver d'une croix, ceux que vous avez aimés d'une étoile, les mots nouveaux d'un triangle, les mots rares d'un diamant, etc...

4) STRUCTUREZ VOTRE APPRENTISSAGE

Cette édition vous offre un **CARNET DE NOTES** très pratique à la fin du livre. En vacances ou en voyage ou à la maison, vous pouvez facilement organiser vos nouvelles connaissances sans avoir besoin d'un second bloc-notes !

5) VOUS AVEZ FINI TOUTES LES GRILLES ?

Allez à la section bonus **CHALLENGE FINAL** pour trouver un jeu gratuit à la fin de cette édition !

Simple et Rapide ! Découvrez notre collection de livres d'activités pour votre prochain moment de détente et **d'apprentissage**, à juste un clic de distance !

Trouvez votre prochain défi sur :

BestActivityBooks.com/MonProchainLivre

À vos marques, prêts... Partez !

Saviez-vous qu'il existe environ 7 000 langues différentes dans le monde ? Les mots sont précieux.

Nous aimons les langues et avons travaillé dur pour créer les livres de la plus haute qualité pour vous. Nos ingrédients ?

Une sélection des thématiques d'apprentissage adaptée, trois belles parts de divertissement, puis nous ajoutons une cuillère de mots difficiles et une pincée de mots rares. Nous les servons avec soin et un maximum de plaisir pour vous permettre de résoudre les meilleurs jeux de mots mêlés qui soient et d'apprendre en vous amusant !

Votre avis est essentiel. Vous pouvez participer activement au succès de ce livre en nous laissant un commentaire. Nous aimerions vraiment savoir ce que vous avez préféré dans cette édition !

Voici un lien rapide qui vous mènera à la page d'évaluation de vos commandes :

BestBooksActivity.com/Avis50

Merci pour votre aide et amusez-vous bien !

De la part de toute l'équipe

1 - Adjectifs #2

```
D A X E G J Č K F M Z V H Z
W I U D W I I X X A Y Ý U A
C S V T Ý N S I P O P R P J
N L G O E Z T V E V R O Ý Í
F A G L K N Ý N L I S B N M
H V I Z P Ý T R A E Z N D A
Í N X T P D M I N D K Í Ě V
N Ý I C G R E M C F V G V Ý
D O E B K H L H B K G S O S
O O V T V O Ř I V Ý Ý J P U
R V O Ý K C I T A M A R D C
Í N T N A G E L E B M J O H
Ř N A D A N Ý V A R D Z C Ý
P S L A N Ý L A P S O F U F
```

AUTENTICKÝ	PŘÍRODNÍ
SLAVNÝ	NOVÝ
TVOŘIVÝ	VÝROBNÍ
POPISNÝ	ČISTÝ
NADANÝ	ODPOVĚDNÝ
DRAMATICKÝ	ZDRAVÝ
ELEGANTNÍ	SLANÝ
HRDÝ	DIVOKÝ
SILNÝ	SUCHÝ
ZAJÍMAVÝ	OSPALÝ

2 - Formes

```
R A A Z P P W W S S S O P K
X E N P Y Y K R Y C H L E Ř
G G O Z B R E L I P S A H I
P M G B H A Z C W L L M B V
S C Y L D M H H E A D O E K
V Á L E C I Z R I Y K K Í A
R A O Ž J D G L A N A R T S
I G P U B A A T U N N R S K
L A B K S K A Ř W W Y O Ě O
O B L O U K R L Á V O H M U
N V D J N S H U O D G I Á L
A O N W V Z C Y H M E L N E
R H Y P E R B O L A I K H W
H I O B D É L N Í K D G C H
```

OBLOUK
HRANY
NÁMĚSTÍ
KRUH
ROH
KŘIVKA
KUŽEL
STRANA
KRYCHLE
VÁLEC

ELIPSA
HYPERBOLA
ŘÁDEK
OVÁL
POLYGON
HRANOL
PYRAMIDA
OBDÉLNÍK
KOULE

3 - Force et Gravité

```
C V U Č K P V R G P J B M F
E U Y J A E Z N A P X E A Y
N V V L L S D I H D J R G Z
T U D L T Z Á J M N N F N I
R A K J T L L I O Z P D E K
U C H F B W E C T C L O T A
M T S Í M K N K N A A P I S
Y N Ř M B B O M O D N A S P
U G C E F O S O S E E D M O
L X F A N W T S T O T E U H
W C P S I Í B A P B Y G S Y
M E C H A N I K A J V V M B
D Y N A M I C K Ý E X L Z R
Z O Í N L Á Z R E V I N U U
```

OSA	MECHANIKA
CENTRUM	POHYB
OBJEV	OBÍHAT
VZDÁLENOST	FYZIKA
DYNAMICKÝ	PLANETY
EXPANZE	HMOTNOST
TŘENÍ	TLAK
DOPAD	ČAS
MAGNETISMUS	UNIVERZÁLNÍ

4 - Adjectifs #1

```
E I D K F Í N T U L O S B A
P X J I W L W U Ě F N S Í T
A O O K R Á S N Á Ž Y Z N T
M N M T Z O U B F P K T R J
B E Š A I L U P K T F Ý E D
I V T U L C Z P S M L A D Ý
C I Ě P I Ý K S V O R B O T
I N D Ř G N J Ý U L C V M I
Ó N R Í D Ž F K Y G T M D Ž
Z Ý Ý M D O Í N V I T K A E
N O W N V T O E G E S W T L
Í P O Ý H O R T F G I H I Ů
H Í N V I T K A R T A S G D
M X G E U M Ě L E C K Ý S V
```

ABSOLUTNÍ	UPŘÍMNÝ
AKTIVNÍ	TOTOŽNÝ
AMBICIÓZNÍ	DŮLEŽITÝ
UMĚLECKÝ	NEVINNÝ
ATRAKTIVNÍ	MLADÝ
KRÁSNÁ	POMALÝ
EXOTICKÝ	TĚŽKÝ
OBROVSKÝ	TENKÝ
ŠTĚDRÝ	MODERNÍ

5 - Instruments de Musique

```
C  R  R  H  O  B  O  J  B  M  L  O  Y  C
H  X  W  R  E  O  M  A  R  A  T  Y  K  X
J  A  K  B  U  R  T  W  I  R  G  H  T  Z
U  F  R  F  L  É  T  N  A  I  T  O  E  H
V  R  Í  M  D  G  T  E  F  M  J  Ž  N  M
E  A  V  T  O  V  J  B  F  B  U  D  I  G
L  H  A  Y  D  N  V  U  F  A  F  N  R  B
S  G  L  G  K  L  I  B  J  D  A  E  A  C
U  A  K  E  P  E  L  K  O  P  G  B  L  F
O  C  X  A  O  Y  K  Z  A  S  O  U  K  E
H  F  B  O  M  H  Z  Z  F  E  T  N  S  L
N  K  U  E  F  T  A  M  B  U  R  Í  N  A
K  A  N  Í  L  O  D  N  A  M  J  X  A  I
P  O  Z  O  U  N  N  N  W  O  F  W  M  M
```

BENDŽO	MARIMBA
FAGOT	POKLEP
KLARINET	KLAVÍR
FLÉTNA	SAXOFON
GONG	BUBEN
KYTARA	TAMBURÍNA
HARMONIKA	POZOUN
HARFA	TRUBKA
HOBOJ	HOUSLE
MANDOLÍNA	

6 - Herboristerie

```
P Ř Í S A D A T Á M O A R C
K P Ř Í C H U Ť Č K T R N A
Š A F R Á N E H E É Y O E U
L K T D P R F Z S K M M M M
K E E V L Ř C E N S I A A M
Y L V Z E T Í K E Ř Á T J B
N A D A R H A Z K Á N I O A
E K V S N P T E N N R C R Z
F M V X J D Z D O I K K Á A
I U J Ě O Z U H X L V Ý N L
N K B N T B S L J U V Ý K K
M C N V F I I S E K U S A A
Z E L E N Á N Ý R A M Z O R
P E T R Ž E L A T I L A V K
```

ČESNEK
AROMATICKÝ
BAZALKA
PŘÍZNIVÝ
KULINÁŘSKÉ
FENYKL
KVĚTINA
PŘÍSADA
ZAHRADA
LEVANDULE

MAJORÁNKA
MÁTA
PETRŽEL
KVALITA
ROZMARÝN
ŠAFRÁN
PŘÍCHUŤ
TYMIÁN
ZELENÁ

7 - Photographie

```
Y  N  O  H  V  I  Z  U  Á  L  N  Í  A  S
B  S  L  K  O  N  T  R  A  S  T  T  V  Y
Z  O  J  G  S  T  Í  N  Y  O  L  M  T  H
Z  D  E  F  I  N  I  C  E  S  M  A  U  N
F  M  T  Č  R  T  I  B  A  V  R  A  B  T
O  Á  Ě  D  E  J  F  E  N  Ě  A  F  U  E
T  R  M  K  T  R  A  V  A  T  S  Ý  V  X
O  K  D  H  Č  G  N  E  S  L  H  F  P  T
A  M  E  W  A  I  C  Á  L  E  A  V  O  U
P  D  Ř  V  P  K  T  K  O  N  M  E  R  R
A  F  P  E  V  P  E  A  Ž  Í  P  H  T  A
R  F  O  R  M  Á  T  K  E  J  B  O  R  Z
Á  P  O  H  L  E  D  M  N  I  V  H  É  X
T  M  U  E  B  F  W  N  Í  L  N  N  T  C
```

ZMĚKČIT	ČERNÁ
RÁM	OBJEKT
FOTOAPARÁT	TMA
SLOŽENÍ	STÍNY
KONTRAST	PORTRÉT
BARVA	PŘEDMĚT
DEFINICE	TEXTURA
VÝSTAVA	VIZUÁLNÍ
OSVĚTLENÍ	POHLED
FORMÁT	

8 - Véhicules

```
M  B  D  S  K  N  T  M  H  D  X  X  J  T
L  E  A  J  F  Á  R  O  T  O  M  N  X  R
E  V  T  F  F  K  A  K  T  I  N  A  S  A
T  R  E  R  P  L  K  T  A  F  S  A  U  J
A  G  K  C  O  A  T  J  E  L  K  K  O  E
D  T  A  X  I  Ď  O  D  S  O  V  R  I  K
L  B  R  Y  B  Á  R  H  E  Ď  W  O  I  T
O  E  S  I  W  K  V  R  T  U  L  N  Í  K
K  A  R  A  V  A  N  A  B  W  F  O  D  J
J  Í  Z  D  N  Í  K  O  L  O  H  P  Y  Y
Y  Y  D  D  V  V  O  R  X  B  C  S  R  H
B  V  N  K  O  L  O  B  Ě  Ž  K  A  H  M
A  U  T  O  B  U  S  A  U  T  O  U  O  L
P  N  E  U  M  A  T  I  K  Y  H  F  M  K
```

SANITKA	MOTOR
LETADLO	PNEUMATIKY
LOĎ	VOR
AUTOBUS	KOLOBĚŽKA
NÁKLAĎÁK	PONORKA
KARAVANA	TAXI
TRAJEKT	TRAKTOR
RAKETA	VLAK
VRTULNÍK	JÍZDNÍ KOLO
METRO	AUTO

9 - Camping

```
D  G  Z  V  I  U  O  S  A  P  M  O  K  K
O  V  A  X  N  P  C  A  N  R  E  C  U  L
B  Y  Ř  A  A  Y  N  I  I  X  S  R  Y  O
R  M  Í  Y  Y  M  R  X  B  W  C  D  Z  B
O  J  Z  S  Y  D  A  T  A  Ř  Í  V  Z  O
D  U  E  F  L  F  D  P  K  H  S  O  Y  U
R  L  N  A  T  S  O  K  A  F  Ě  L  M  K
U  J  Í  M  V  S  R  G  K  Y  M  L  H  X
Ž  Ň  E  H  O  F  Í  T  D  V  N  U  H  K
S  M  Y  Z  Z  G  Ř  O  S  E  C  G  O  X
T  J  E  I  E  K  P  S  S  E  L  L  R  R
V  R  C  P  K  R  K  Á  N  O  E  A  A  I
Í  Z  O  O  S  J  O  J  Z  D  N  O  N  W
H  O  U  P  A  C  Í  S  Í  T  G  E  O  O
```

ZVÍŘATA	OHEŇ
DOBRODRUŽSTVÍ	LES
KOMPAS	HOUPACÍ SÍT
KABINA	HMYZ
KÁNOE	JEZERO
MAPA	LUCERNA
KLOBOUK	MĚSÍC
LOV	HORA
LANO	PŘÍRODA
ZAŘÍZENÍ	STAN

10 - Écologie

```
Í  U  D  R  Ž  I  T  E  L  N  Ý  F  R  O
N  G  L  O  B  Á  L  N  Í  R  O  O  O  D
D  O  B  R  O  V  O  L  N  Í  C  I  S  R
O  P  N  U  B  C  F  O  J  E  W  H  T  Ů
R  N  U  K  D  L  L  G  T  A  J  L  D
Í  R  K  U  O  T  Ó  E  U  Y  E  W  I  A
Ř  J  M  U  Y  P  R  I  X  Ý  C  M  N  M
P  I  I  O  U  T  A  H  H  K  P  O  Y  I
R  O  Z  M  A  N  I  T  O  S  T  Č  D  L
S  H  O  C  F  W  F  N  B  Ř  V  Á  R  K
U  S  O  J  N  A  L  X  U  O  E  L  U  Y
C  S  L  R  O  C  U  M  W  M  A  G  H  I
H  W  U  Y  Y  C  W  N  E  J  O  R  D  Z
O  P  Ř  E  Ž  I  T  Í  A  D  W  K  Z  A
```

DOBROVOLNÍCI	MOČÁL
KLIMA	MOŘSKÝ
KOMUNITY	HORY
ROZMANITOST	PŘÍRODNÍ
UDRŽITELNÝ	ROSTLINY
DRUH	ZDROJE
FAUNA	SUCHO
FLÓRA	PŘEŽITÍ
GLOBÁLNÍ	ODRŮDA

11 - Géométrie

```
T W U U D I T Y O K B Y F X
E W Z S Z O S J G B F V N V
H D J G M L O G I K A Ý S Y
U D Z Z B F N M O G Z Š Z K
R D S Y M E T R I E M K R Ř
K O I V Ý P O Č E T H A O I
H S V M S V M N P O C L V V
S U V N E Y H P O M Ě R N K
L E K R I N B W Ú M P O O A
D K G Y R C Z A H E R Č B J
V M B M O T E E E D Ů Í Ě S
T J B T E Y X M L I M S Ž F
Z C R Y T N X X K Á Ě L N W
P O V R C H T L I N R O Ý I
```

ÚHEL	HMOTNOST
VÝPOČET	MEDIÁN
KRUH	ČÍSLO
KŘIVKA	ROVNOBĚŽNÝ
PRŮMĚR	POMĚR
DIMENZE	SEGMENT
ROVNICE	POVRCH
VÝŠKA	SYMETRIE
LOGIKA	TEORIE

12 - Les Médias

```
S  I  S  V  U  P  N  O  V  I  N  Y  C  O
Í  F  N  N  H  D  R  Ý  N  J  E  Ř  E  V
Ť  O  L  T  B  Í  T  Ů  Y  I  J  E  N  V
V  T  R  K  E  N  Z  J  M  P  O  U  I  B
Z  K  Á  O  C  L  P  U  X  Y  T  Z  D  P
D  Y  D  M  I  Á  E  E  N  X  S  A  E  O
Ě  B  I  E  D  T  Z  K  O  G  O  L  J  N
L  K  O  R  E  I  Z  Z  T  F  P  D  H  L
Á  V  S  Č  V  G  N  P  N  U  A  M  W  I
V  X  L  N  I  I  V  X  L  N  Á  K  H  N
Á  N  Z  Í  L  D  L  L  I  A  D  L  T  E
N  M  Í  S  T  N  Í  Z  R  O  Z  Á  N  A
Í  F  I  N  A  N  C  O  V  Á  N  Í  G  Í
K  O  M  U  N  I  K  A  C  E  F  D  D  K
```

POSTOJE
KOMERČNÍ
KOMUNIKACE
ONLINE
EDICE
VZDĚLÁVÁNÍ
FAKTA
FINANCOVÁNÍ
JEDINEC
PRŮMYSL

INTELEKTUÁLNÍ
NOVINY
MÍSTNÍ
DIGITÁLNÍ
NÁZOR
FOTKY
VEŘEJNÝ
RÁDIO
SÍŤ

13 - Philanthropie

```
H  O  S  H  Z  K  W  V  C  F  Š  I  C  A
S  I  U  K  J  F  K  Ý  O  I  T  P  H  H
P  T  S  E  U  F  E  Z  G  N  Ě  R  A  P
O  R  M  T  L  P  G  V  W  A  D  O  R  O
L  N  T  X  O  I  I  Y  R  N  R  G  I  T
E  M  G  U  V  R  D  N  R  C  O  R  T  Ř
Č  V  E  E  T  R  I  É  Y  E  S  A  A  E
E  E  H  L  S  X  A  E  Y  J  T  M  R  B
N  Ř  H  Í  D  Á  L  M  I  S  E  Y  D  A
S  E  U  C  I  P  O  C  T  I  V  O  S  T
T  J  Í  N  L  Á  B  O  L  G  D  Ě  T  I
V  N  C  V  M  M  V  S  N  X  I  K  X  A
Í  Ý  K  L  Z  O  X  A  I  F  V  W  N  H
F  O  N  D  Y  T  K  A  T  N  O  K  H  Z
```

POTŘEBA
CÍLE
CHARITA
SPOLEČENSTVÍ
KONTAKTY
VÝZVY
DĚTI
FINANCE
FONDY
LIDÉ

ŠTĚDROST
GLOBÁLNÍ
SKUPINY
HISTORIE
POCTIVOST
LIDSTVO
MLÁDÍ
MISE
PROGRAMY
VEŘEJNÝ

14 - Diplomatie

```
I  L  Ý  K  S  N  A  Č  B  O  A  O  Z  A
N  H  O  Z  P  K  O  N  F  L  I  K  T  D
T  D  B  P  O  E  N  C  G  N  E  N  Í  Á
E  I  Č  I  L  P  O  R  A  D  C  E  N  L
G  S  A  C  E  N  A  L  S  Y  V  L  E  V
R  K  N  T  Č  T  B  Y  P  N  M  W  Š  O
I  U  É  E  N  A  S  A  K  I  T  E  D
T  S  T  Í  N  E  S  E  N  S  U  K  Ř  P
A  E  F  E  S  P  O  L  I  T  I  K  A  I
Ý  K  C  I  T  A  M  O  L  P  I  D  K  O
U  R  S  W  V  S  M  L  O  U  V  A  M  X
N  Y  Z  I  Í  N  Č  I  N  A  R  H  A  Z
H  U  M  A  N  I  T  Á  R  N  Í  D  W  D
S  P  R  A  V  E  D  L  N  O  S  T  F  P
```

VELVYSLANEC	ZAHRANIČNÍ
OBČANÉ	VLÁDA
OBČANSKÝ	HUMANITÁRNÍ
SPOLEČENSTVÍ	INTEGRITA
KONFLIKT	SPRAVEDLNOST
PORADCE	POLITIKA
DIPLOMATICKÝ	USNESENÍ
DISKUSE	ŘEŠENÍ
ETIKA	SMLOUVA

15 - Astronomie

```
M  G  K  O  S  M  O  S  D  S  N  I  P  N
E  A  X  C  Z  I  D  M  R  O  O  E  O  D
T  L  N  U  I  Y  W  I  U  L  D  N  B  R
E  A  T  E  N  A  L  P  O  Á  T  T  A  E
O  X  N  G  I  A  V  O  N  R  E  P  U  S
R  I  I  H  F  A  N  F  Í  N  E  Ř  Á  Z
C  E  Z  A  T  M  Ě  N  Í  Í  T  T  D  O
O  B  S  E  R  V  A  T  O  Ř  C  D  S  Y
D  S  F  Z  R  A  S  T  R  O  N  O  M  A
R  G  B  E  B  A  M  L  H  O  V  I  N  A
D  L  X  M  E  N  K  V  E  S  M  Í  R  E
O  P  A  Ě  E  O  C  E  M  Ě  S  Í  C  Z
Y  A  T  U  A  N  O  R  T  S  A  Y  C  P
S  O  U  H  V  Ě  Z  D  Í  A  X  J  J  H
```

ASTEROID	METEOR
ASTRONAUT	MLHOVINA
ASTRONOM	OBSERVATOŘ
NEBE	PLANETA
SOUHVĚZDÍ	ZÁŘENÍ
KOSMOS	SOLÁRNÍ
ZATMĚNÍ	SUPERNOVA
RAKETA	ZEMĚ
GALAXIE	VESMÍR
MĚSÍC	

16 - Physique

```
W  Í  M  M  A  G  N  E  T  I  S  M  U  S
P  N  O  O  A  Z  D  D  D  V  T  A  K  J
E  E  T  T  S  O  N  T  O  M  H  T  E  A
C  L  O  A  S  L  A  A  E  J  J  O  C  D
F  H  R  R  E  L  A  T  I  V  I  T  A  E
V  C  E  C  N  E  V  K  E  R  F  S  T  R
V  Y  L  M  D  V  N  W  Y  N  V  U  I  N
U  R  E  C  I  T  S  Á  Č  O  X  H  V  Ý
P  Z  C  T  X  C  V  Z  O  R  E  C  A  Z
Y  L  L  A  S  S  K  V  W  T  H  A  R  P
E  N  Y  W  I  W  O  Ý  D  K  L  T  G  V
R  S  C  N  C  H  A  O  S  E  G  O  D  V
Y  M  O  L  E  K  U  L  A  L  N  I  L  I
L  U  A  K  I  N  A  H  C  E  M  S  L  V
```

ZRYCHLENÍ	GRAVITACE
ATOM	MAGNETISMUS
CHAOS	HMOTNOST
CHEMICKÝ	MECHANIKA
HUSTOTA	MOLEKULA
ELEKTRON	MOTOR
VZOREC	JADERNÝ
FREKVENCE	ČÁSTICE
PLYN	RELATIVITA

17 - Types de Cheveux

```
S  J  D  P  X  F  C  A  H  E  R  B  D  L
B  U  B  K  H  Ř  P  Y  L  O  P  B  L  E
A  F  C  W  S  P  E  N  G  J  S  L  O  S
R  P  Z  H  V  L  Z  D  R  A  V  Ý  U  K
E  G  L  R  Ý  E  E  S  A  Z  J  D  H  L
V  C  T  D  T  Š  A  Z  R  K  H  Ě  Ý  Ý
N  A  Á  W  S  A  B  L  O  N  D  N  T  L
Ý  O  N  H  U  T  E  T  D  N  E  H  A  Í
J  D  R  G  L  Ý  M  F  T  T  K  K  N  B
L  N  E  B  T  L  M  D  T  H  R  R  R  J
F  H  Č  J  Í  V  L  N  I  T  Ý  Á  D  Š
V  G  G  M  K  Ř  Z  G  G  U  M  T  U  E
V  M  Ě  K  K  Ý  T  E  N  K  Ý  K  K  D
P  L  E  T  E  N  É  S  W  U  H  Ý  Z  Á
```

STŘÍBRO	KUDRNATÝ
BÍLÝ	ŠEDÁ
BLOND	DLOUHÝ
KADEŘ	HNĚDÝ
LESKLÝ	TENKÝ
PLEŠATÝ	ČERNÁ
BAREVNÝ	VLNITÝ
KRÁTKÝ	ZDRAVÝ
MĚKKÝ	SUCHÝ
TLUSTÝ	PLETENÉ

18 - Archéologie

```
Z  C  P  A  N  A  L  Ý  Z  A  G  I  J  E
Á  T  I  R  Z  E  J  F  Y  N  T  D  W  F
H  C  Ý  V  O  K  R  E  L  I  K  V  I  E
A  W  H  M  I  F  A  P  I  D  E  Z  C  S
D  C  O  X  E  L  E  H  O  B  M  A  H  T
A  O  D  A  P  W  I  S  K  C  O  P  R  A
C  D  K  O  S  T  I  Z  O  I  T  O  Á  R
P  B  O  B  G  D  P  S  A  R  O  M  M  O
K  O  N  E  Z  N  Á  M  Ý  C  P  E  H  V
É  R  O  B  J  E  K  T  Y  N  E  N  R  Ě
R  N  F  O  S  I  L  I  E  I  K  U  O  K
A  Í  V  T  S  Ř  Í  Č  N  R  H  T  B  Y
C  K  Í  N  M  U  K  Z  Ý  V  O  Ý  K  V
Z  H  O  D  N  O  C  E  N  Í  S  K  A  T
```

ANALÝZA	NEZNÁMÝ
STAROVĚK	ZÁHADA
VÝZKUMNÍK	OBJEKTY
CIVILIZACE	KOSTI
POTOMEK	ZAPOMENUTÝ
ODBORNÍK	HRNČÍŘSTVÍ
ÉRA	PROFESOR
TÝM	RELIKVIE
HODNOCENÍ	CHRÁM
FOSILIE	HROBKA

19 - Mammifères

```
V U N E N A K O L K W U D V
K E K N O K K O U J M U E L
R M L I L Č P S J W M K L K
Á E Z R S O N B O O Y L F M
L D E N Y K A R G Y T E Í F
Í V B C R B O P I C E V N Z
K Ě R M I U A L I R O G G C
S D A S Y M F D O O P T A D
O V C E O V A C D M O D B G
D H J P E T R J X L F C Ý X
O L Z L X Y I G G D I C K Z
A P E C C K Ž J O U V Š N L
P A V D M L R U R J Ň Ů K O
U C A G M X F R Y E I Z O A
```

VELRYBA	KRÁLÍK
KOČKA	LEV
KŮŇ	VLK
PES	OVCE
KOJOT	MEDVĚD
DELFÍN	LIŠKA
SLON	OPICE
ŽIRAFA	BÝK
GORILA	TYGR
KLOKAN	ZEBRA

20 - Chocolat

```
K K K K Z P O B L Í B E N Ý
Y A A A U G R K J A F A I G
Z L R K U C P Á F C S R F G
M O A A J H Ř Z Š H R A Z U
R R M O Z O Í U R E Ý Š Z N
E I E T R R C J K Y K Í B P
C E L V E K H R O M D D O Ř
E K V E Ů Ý U V E T A Y N Í
P L Z A H N Ť U H C L X B S
T A U L S D Ě S A B S A Ó A
A N T I O X I D A N T U N D
K T H Ý K C I T O X E T B A
J É N D O H A L D A B O O K
C Y E H K S K V A L I T A L
```

HORKÝ	EXOTICKÝ
ANTIOXIDANT	OBLÍBENÝ
VŮNĚ	CHUŤ
BONBÓN	PŘÍSADA
ARAŠÍDY	KOKOS
KAKAO	PRÁŠEK
KALORIE	KVALITA
KARAMEL	RECEPT
LAHODNÉ	PŘÍCHUŤ
SLADKÝ	CUKR

21 - Mathématiques

```
A D A P I G C V R U Y B T R
R E R T O L Y K Ě D R M R O
I S Ě O Y L H Ú M E J B O V
T E M A V C Y K O L M Ý J N
M T Ů F D N M G L K N O Ú O
E I R N A N I R O Í Á B H B
T N P E H K C C P N M V E Ě
I N S O U Č E T E L Ě O L Ž
C Ý D E P F X G O É S D N N
K E X P O N E N T D T J Í Ý
Ý S Y M E T R I E B Í J K D
A I F K Í N Ž Ě B O N V O R
D B G E O M E T R I E A S X
S K O S Z L O M E K O E X D
```

ÚHLY
ARITMETICKÝ
NÁMĚSTÍ
OBVOD
DESETINNÝ
PRŮMĚR
EXPONENT
ROVNICE
ZLOMEK
GEOMETRIE

ROVNOBĚŽNÝ
ROVNOBĚŽNÍK
KOLMÝ
POLYGON
POLOMĚR
OBDÉLNÍK
SOUČET
SYMETRIE
TROJÚHELNÍK
OBJEM

22 - Mythologie

```
A F B N S L W J M A F E A Ž
R K O E D R Z V A T C A T Á
C D J S H R O M G G T Z E R
H D O M H F T N I R Y B A L
E S V R F A Z G C I U J N I
T T N T C E Z D K S E L B V
Y V Í E H Z Y E Ý M P A L O
P O K L D B P Ř Í Š E R A S
X Ř D N K U L T U R A P N T
U E J O L E G E N D A O I O
K N O S E E D O F I L M D F
L Í V T C H O V Á N Í S R X
K A T A S T R O F A S T H W
P Ř E S V Ě D Č E N Í A B O
```

ARCHETYP	HRDINA
KATASTROFA	NESMRTELNOST
CHOVÁNÍ	ŽÁRLIVOST
STVOŘENÍ	LABYRINT
PŘESVĚDČENÍ	LEGENDA
KULTURA	MAGICKÝ
BLESK	PŘÍŠERA
SÍLA	HROM
BOJOVNÍK	POMSTA

23 - Restaurant #2

```
Z  V  B  X  N  B  K  Í  N  Š  Í  Č  Y  K
G  D  A  A  P  Z  A  D  D  U  N  M  H  O
M  S  Ů  L  A  J  L  N  E  L  D  M  X  Ř
N  Á  P  O  J  V  E  Č  E  Ř  E  L  W  E
D  O  O  L  A  H  O  D  N  É  V  W  E  N
R  S  B  R  O  V  O  C  E  C  J  E  V  Í
D  D  Ě  H  D  U  R  T  A  D  D  C  C  V
V  V  D  A  O  H  Y  K  K  O  H  Í  A  I
S  Y  F  Z  R  M  B  D  Č  G  O  Ž  H  F
A  D  O  V  T  A  A  N  I  N  E  L  E  Z
L  P  O  L  É  V  K  A  L  Z  G  P  L  P
Á  Y  O  W  H  Y  F  I  D  P  K  X  D  V
T  A  P  E  M  X  N  Z  I  V  J  J  I  C
Z  L  A  U  R  R  G  D  V  L  E  D  Ž  G
```

NÁPOJ	DORT
ŽIDLE	LED
LŽÍCE	ZELENINA
OBĚD	NUDLE
LAHODNÉ	VEJCE
VEČEŘE	RYBA
VODA	SALÁT
KOŘENÍ	SŮL
VIDLIČKA	ČÍŠNÍK
OVOCE	POLÉVKA

24 - Beauté

```
Ř  W  K  Z  U  K  I  P  U  E  K  A  M  L
A  Y  O  R  K  Ů  Ž  E  L  L  M  N  Y  L
S  F  U  C  N  Z  X  P  V  E  J  E  L  O
E  D  Z  A  O  K  O  V  G  G  Š  K  F  R
N  E  L  D  S  S  T  H  Y  A  A  O  O  T
K  C  O  L  M  L  R  G  U  N  M  S  T  Ě
A  N  V  O  Y  I  U  H  K  T  P  M  O  N
K  A  D  E  Ř  H  L  Ž  S  N  O  E  G  K
B  G  N  Ů  Ž  K  Y  O  B  Í  N  T  E  A
Z  E  B  D  G  E  B  M  S  Y  Y  I  N  Y
P  L  W  E  K  O  I  A  G  T  W  K  I  C
Y  E  H  L  A  D  K  Ý  R  J  F  A  C  B
K  J  A  K  N  Y  Ě  A  Ů  V  R  X  K  E
S  T  Y  L  I  S  T  A  P  K  A  S  Ý  Z
```

KADEŘ	MAKEUP
KOUZLO	ŘASENKA
NŮŽKY	ZRCADLO
KOSMETIKA	VŮNĚ
BARVA	KŮŽE
ELEGANCE	FOTOGENICKÝ
ELEGANTNÍ	RTĚNKA
MILOST	SLUŽBY
OLEJE	ŠAMPON
HLADKÝ	STYLISTA

25 - Avions

```
G U B T D N I V O D Í K N A
V R T U L E O T N H C W A T
K O N S T R U K C E Í P F M
E U V W A W Í U W F J J O O
V Z D U C H N Y B S U G U S
P L B T P T Á H A E T Y K F
N O P I L O T I L S S A N É
F E S W F V S S Ó T E P O R
E X B Á T Y I T N U C A U A
U B D E D F Ř O M P A L T C
V Ý Š K A K P R F J B I C Y
M O T O R X A I Ě R Y V W X
A E E U A K A E U M H O T P
O D O B R O D R U Ž S T V Í
```

VZDUCH

ATMOSFÉRA

PŘISTÁNÍ

DOBRODRUŽSTVÍ

BALÓN

PALIVO

NEBE

KONSTRUKCE

SESTUP

SMĚR

POSÁDKA

NAFOUKNOUT

VÝŠKA

VRTULE

HISTORIE

VODÍK

MOTOR

CESTUJÍCÍ

PILOT

26 - Aventure

```
I  D  G  N  I  C  V  Z  E  D  K  W  X  V
T  V  I  O  G  G  J  F  C  E  R  D  T  N
I  S  W  V  M  V  E  Í  A  S  Á  R  A  E
N  T  O  Ý  M  R  C  N  G  T  S  K  P  B
E  V  W  D  P  W  P  E  I  I  A  P  Ř  E
R  G  W  P  A  E  W  Š  V  N  N  Ř  E  Z
Á  B  P  Ř  Í  R  O  D  A  A  B  Í  K  P
Ř  I  T  Y  Z  W  J  A  N  C  X  P  V  E
Š  A  N  C  E  Z  O  N  K  E  T  R  A  Č
N  E  O  B  V  Y  K  L  Ý  K  R  A  P  N
P  Ř  Í  L  E  Ž  I  T  O  S  T  V  I  Ý
S  T  A  T  E  Č  N  O  S  T  H  A  V  O
B  E  Z  P  E  Č  N  O  S  T  E  L  Ý  V
A  K  T  I  V  I  T  A  J  A  M  U  I  F
```

AKTIVITA	ITINERÁŘ
KRÁSA	RADOST
STATEČNOST	PŘÍRODA
ŠANCE	NAVIGACE
NEBEZPEČNÝ	NOVÝ
DESTINACE	PŘÍLEŽITOST
NADŠENÍ	PŘÍPRAVA
VÝLET	BEZPEČNOST
NEOBVYKLÝ	PŘEKVAPIVÝ

27 - Ville

```
X M L M X V W W Y K L S N K
K R M É H G T J B N M U D N
E N A M K Z U M R I M P S I
G T R H Y Á W Ř J H K E R H
D Z O O X H R Á V K I R W O
G I L H W H Š N K U N M H V
A L V A J R K I A P O A O N
L E S A B M O T N E R R T A
E T T K D V L Ě R C C K E K
R I A I D L A V Á T B E L N
I Š D N K Y O K K V E T A A
E T I I M R D C E Í O K L B
S Ě Ó L R S M X P R B B U T
E D N K X E F M U Z E U M N
```

LETIŠTĚ	HOTEL
BANKA	KNIHKUPECTVÍ
KNIHOVNA	TRH
PEKÁRNA	MUZEUM
KINO	LÉKÁRNA
KLINIKA	STADIÓN
ŠKOLA	SUPERMARKET
KVĚTINÁŘ	DIVADLO
GALERIE	ZOO

28 - Ingénierie

```
I  H  D  K  A  P  A  L  I  N  A  R  A  I
R  G  L  I  H  I  S  J  X  J  L  O  G  F
L  C  N  O  S  R  O  T  O  M  Í  T  C  E
V  C  Y  S  U  T  K  E  G  J  S  A  D  J
R  X  V  T  K  B  R  M  O  E  S  C  R  Y
Ě  O  T  R  M  S  K  I  N  C  P  E  D  W
M  L  C  O  K  F  D  A  B  K  W  S  Ú  E
Ů  Ě  I  J  M  A  U  H  O  U  X  I  H  N
R  P  Ř  H  A  Z  X  U  Z  R  C  L  E  E
P  N  T  E  Č  O  P  Ý  V  T  S  E  L  R
A  T  F  A  N  P  Á  K  Y  S  F  E  M  G
P  O  H  O  N  Í  M  D  U  N  E  J  T  I
S  T  A  B  I  L  I  T  A  O  Z  O  U  E
D  I  A  G  R  A  M  J  K  K  W  D  F  A
```

ÚHEL	PÁKY
OSA	KAPALINA
VÝPOČET	STROJ
KONSTRUKCE	MĚŘENÍ
DIAGRAM	MOTOR
PRŮMĚR	HLOUBKA
NAFTA	POHON
DISTRIBUCE	ROTACE
ENERGIE	STABILITA
SÍLA	

29 - Énergie

```
B A O Y Ý Ý V E X T F S X J
E A J T K N O L X X E D O R
V Z T L C L D E J H P P O L
X N P E I E Í K K X J Á L U
D E R I R T K T A W L N R O
H Č Ů P T I O R T Í V K O A
T I M O K V É O V I L A P S
U Š Y R E O N N S L U N C E
R T S T L N A I M J X S A M
B Ě L N E B F D U Z M C C O
Í N X E W O T Z Z D M C N T
N Í Z N E B A L U H L Í K O
A W K Z E F O T O N J M O R
J A D E R N Ý D P B H A X K
```

BATERIE	PRŮMYSL
UHLÍK	MOTOR
PALIVO	JADERNÝ
TEPLO	FOTON
NAFTA	ZNEČIŠTĚNÍ
ENTROPIE	OBNOVITELNÝ
BENZÍN	SLUNCE
ELEKTRICKÝ	TURBÍNA
ELEKTRON	PÁRA
VODÍK	VÍTR

30 - Corps Humain

```
H  X  F  F  B  Z  N  A  P  J  V  L  T  K
B  P  D  L  A  X  G  K  M  V  X  O  B  O
K  Ů  Ž  E  O  D  R  Y  P  C  B  K  C  T
V  N  A  P  K  O  N  E  L  O  K  E  A  N
P  R  S  T  R  N  H  R  L  H  E  T  I  Í
D  U  O  E  E  E  I  L  G  Ř  D  R  S  K
M  Z  N  V  V  M  J  C  A  Á  U  U  H  L
A  M  Y  B  R  A  D  A  T  V  L  U  G  R
P  U  Z  T  K  R  K  D  S  T  A  C  V  T
M  H  F  S  E  M  R  U  Ú  S  Ž  H  B  Y
R  O  E  I  F  C  N  Z  R  L  L  O  O  X
O  B  Z  L  O  U  W  R  D  S  R  D  C  E
C  P  D  E  J  B  N  N  K  A  K  L  X  V
V  J  M  Č  K  Y  R  O  F  I  T  P  U  T
```

ÚSTA	RTY
MOZEK	RUKA
KOTNÍK	ČELIST
KRK	BRADA
LOKET	NOS
SRDCE	UCHO
PRST	KŮŽE
ŽALUDEK	KREV
RAMENO	HLAVA
KOLENO	TVÁŘ

31 - Épices

```
L D C P H Č E S N E K Z V K
É F I K E O I C K M Í N A O
K E B A C P R S Ů L F Á N R
O N U R I P Ř K P H D R I I
Ř Y L D Ř Z Í Z Ý N A F L A
I K E A O N T S I U U A K N
C L G M K G N J K I R Š A D
E R J O S S N Z F A O V Ť R
Y F J N Ý L E S Y K V X U C
G I O F C O V Y P I Z I H A
Y A E W U L I G E R Á R C W
R J P O M P S H Z P Z A Í E
D U X D G E W R G A O K Ř C
E M G R M S I D I P Z R P A
```

KYSELÝ	PÍSKAVICE
ČESNEK	ZÁZVOR
HORKÝ	CIBULE
ANÝZ	PAPRIKA
SKOŘICE	PEPŘ
KARDAMON	LÉKOŘICE
KORIANDR	ŠAFRÁN
KMÍN	PŘÍCHUŤ
KARI	SŮL
FENYKL	VANILKA

32 - Science

```
T  V  C  L  A  B  O  R  A  T  O  Ř  O  S
S  D  Ý  G  R  A  V  I  T  A  C  E  A  J
O  G  M  V  P  O  Z  O  R  O  V  Á  N  Í
N  R  B  K  O  Č  Á  S  T  I  C  E  Ý  D
Č  K  G  K  Z  J  U  P  Z  U  N  P  K  T
E  L  S  A  D  O  R  Í  Ř  P  F  Y  C  N
T  I  X  Z  N  J  R  F  O  S  I  L  I  E
U  M  P  É  W  I  Z  I  F  N  V  U  M  M
K  A  A  T  A  D  S  N  D  T  Ě  K  E  I
S  H  K  O  D  P  O  M  W  J  D  E  H  R
Z  V  I  P  O  V  X  O  U  J  E  L  C  E
A  V  Z  Y  T  M  R  T  N  S  C  O  R  P
N  U  Y  H  E  K  F  A  K  N  Y  M  L  X
A  R  F  K  M  M  I  N  E  R  Á  L  Y  E
```

ATOM	LABORATOŘ
CHEMICKÝ	METODA
KLIMA	MINERÁLY
DATA	MOLEKULY
EXPERIMENT	PŘÍRODA
VÝVOJ	POZOROVÁNÍ
SKUTEČNOST	ORGANISMUS
FOSILIE	ČÁSTICE
GRAVITACE	FYZIKA
HYPOTÉZA	VĚDEC

33 - Vêtements

```
X  M  A  I  W  M  O  W  F  Z  P  K  N  K
B  U  N  D  A  L  V  Z  H  S  Y  A  Á  O
V  Z  U  D  L  R  X  H  F  C  Ž  L  H  Š
A  W  T  N  F  X  M  G  J  C  A  H  R  I
Z  C  N  S  Š  D  Ž  Í  N  Y  M  O  D  L
S  V  E  T  R  A  D  Ó  M  U  O  T  E  E
Á  V  F  P  V  O  T  Á  B  A  K  Y  L  N
P  S  C  B  T  T  S  Y  A  B  E  L  N  Š
A  A  A  R  Ě  T  S  Á  Z  B  M  Á  Í  Á
B  O  T  A  K  N  E  L  A  H  A  D  K  T
T  E  C  I  V  A  K  U  R  B  R  N  W  E
K  L  O  B  O  U  K  U  P  M  Á  A  Y  K
W  D  M  O  F  I  D  B  S  P  N  S  O  W
O  L  H  S  Y  I  Y  S  S  P  J  L  E  E
```

NÁRAMEK	SUKNĚ
PÁS	KABÁT
KLOBOUK	MÓDA
BOTA	KALHOTY
KOŠILE	SVETR
HALENKA	PYŽAMO
NÁHRDELNÍK	ŠATY
ŠÁTEK	SANDÁLY
RUKAVICE	ZÁSTĚRA
DŽÍNY	BUNDA

34 - Arts Visuels

```
W  S  S  H  S  Y  S  O  N  X  M  E  N  A
M  U  T  É  R  T  R  O  P  L  A  K  K  R
X  Y  X  G  A  N  O  L  B  A  Š  X  F  C
O  R  B  Y  Z  N  Č  U  R  O  N  U  B  H
J  L  C  D  O  A  D  Í  Ř  K  A  Z  T  I
O  E  E  E  R  I  L  N  Ř  K  J  T  U  T
U  M  Ě  L  E  C  D  Á  B  S  O  S  Ž  E
S  K  T  P  P  R  R  V  N  O  T  O  K  K
L  I  Z  F  F  D  B  O  A  V  S  V  A  T
O  G  F  S  I  F  T  L  Y  X  B  I  Í  U
Ž  S  Y  O  L  Í  J  A  C  D  M  Ř  O  R
E  M  M  C  M  Z  B  M  D  U  G  O  Z  A
N  W  L  H  O  L  Í  D  E  L  E  V  Y  K
Í  O  W  A  K  I  M  A  R  E  K  T  W  H
```

ARCHITEKTURA	TVOŘIVOST
JÍL	FILM
UMĚLEC	MALOVÁNÍ
KERAMIKA	ŠABLONA
VELEDÍLO	PORTRÉT
STOJAN	HRNČÍŘSTVÍ
VOSK	SOCHA
SLOŽENÍ	PERO
KŘÍDA	LAK
TUŽKA	

35 - Méditation

```
T I C U O S K L Z U J L P J
W E U D K F X X V M A A O Z
I O N F V L L N Y L S S Z V
N U G A I J I K K Č N K O D
X Í N Á H C Ý D Y E O A R Ě
Í D M U S X I Z N T S V O Č
T U O Í T U N H Y I T O V N
E H N N R Y I T W V T S Á O
J C P Ř Í R O D A F D T N S
I P O Z O R N O S T B P Í T
Ř G K M H U D B A W M F I U
P E K O E D U Š E V N Í W F
P R O B U D I T M Y S L P A
X R P E R S P E K T I V A A
```

PŘIJETÍ	ZVYKY
POZORNOST	DUŠEVNÍ
UKLIDNIT	HNUTÍ
JASNOST	HUDBA
SOUCIT	PŘÍRODA
MYSL	POZOROVÁNÍ
EMOCE	MÍR
PROBUDIT	PERSPEKTIVA
LASKAVOST	DÝCHÁNÍ
VDĚČNOST	UMLČET

36 - Littérature

```
A N A L Ý Z A T S B T B O P
C L S V I T W É R L H R O O
N I L I U S U M T Y R O A P
H W A R P Y J A B Z L M J I
M E T A F O R A E Á X Á Ý S
E I O B V I T B M M S N Y R
N G D E X F I O O N C E V C
D O K L Í N Á N V O R S Ň N
I L E E A R Ý K C I T E O P
A A N T U G R L O W Ž Z C B
L N A R T S Ě V S T Y L L J
O A H I O K V Y P R A V Ě Č
G Z X E R E Á F U M F R T U
U C G G O B Z F R M P K X Z
```

ANALOGIE	METAFORA
ANALÝZA	VYPRAVĚČ
ANEKDOTA	BÁSEŇ
AUTOR	POETICKÝ
ŽIVOTOPIS	RÝM
SROVNÁNÍ	ROMÁN
ZÁVĚR	RYTMUS
POPIS	STYL
DIALOG	TÉMA
BELETRIE	

37 - Nourriture #1

```
M M T Y B L S H S J Z F T C
R A U I D A A K V É L O P U
K S Ř D E P Z J O N J T Y K
E O Í B J I T A F Ř U T Z R
V O N E M Č E J L A I D Y E
T Á N E P Š S B V K K C A R
S U D R E X I V S Š A D E C
A V Ň X L M C I B U L E J I
L A V Á Ť Š P X M R D Y A T
Á I I E K L Y S L H G O H R
T Č E S N E K Ů É I N K O O
V L F P T A E L K U X Á D N
T Z N Z H W H V O Y V V A E
T R H S F L K G C J F A T T
```

ČESNEK	TUŘÍN
BAZALKA	CIBULE
KÁVA	JEČMEN
SKOŘICE	HRUŠKA
MRKEV	SALÁT
CITRON	SŮL
ŠPENÁT	POLÉVKA
JAHODA	CUKR
ŠŤÁVA	TUŇÁK
MLÉKO	MASO

38 - Jours et Mois

```
M L Z M B K Z N O S W M M Č
M V I Á E G J C Y T F J S E
A V M S Ř G N M R Ř R K E R
T L U E T Í S S N E D E L V
O U I X P O N N E D Ý T Ě E
B Ř E Z E N P O Ř A D R D N
O Ř Í J E N N A Á L G V E E
S R P E N D C C D T J T N C
P O N D Ě L Í L N D V Č P Y
C N T E P W S N E B U D W N
E Ú U P V X Ě G L E A U J R
K X L V E R M V A R X P C O
Ú T E R Ý P E R K E T Á P F
Z P S H X N S Č V W F I C S
```

SRPEN	ÚTERÝ
DUBEN	BŘEZEN
KALENDÁŘ	STŘEDA
NEDĚLE	MĚSÍC
ÚNOR	LISTOPAD
LEDEN	ŘÍJEN
ČTVRTEK	SOBOTA
ČERVENEC	TÝDEN
ČERVEN	ZÁŘÍ
PONDĚLÍ	PÁTEK

39 - Entreprise

```
V W T O R K Z T K L C X Z C
Í Ž O B Z S A S O R C K A P
O R V T E I M O N O K E M Ř
B O Á R C Z Ě N A D N K Ě Í
C Z R A I P S Č N P Á A S J
H P N N T E T E Ě R K R T E
O O A S S N N L M O L I N M
D Č Y A E Í A O Y D A É A N
Z E F K V Z V P I E D R N C
X T G C N E A S Z J Y A E O
X U Y E I K T L R M S Z C L
I X S V X A E C N A N I F L
X S G U O F L Z V P H L R J
K A N C E L Á Ř N P M W L M
```

PENÍZE
OBCHOD
ROZPOČET
KANCELÁŘ
KARIÉRA
NÁKLADY
MĚNA
ZAMĚSTNAVATEL
ZAMĚSTNANEC
SPOLEČNOST

EKONOMIE
FINANCE
DANĚ
INVESTICE
ZBOŽÍ
ZISK
PŘÍJEM
TRANSAKCE
TOVÁRNA
PRODEJ

40 - Activités

```
Z D O V E D N O S T Í Y P I
W Á D L U O V H L Í N E T Č
U I J Z J N F R F O Á Ř M R
O V X M A W W Y Y O V E K Y
G V F B Y S T M S T O M A B
W O G L L Y B T R U L E K O
Í L K Z D B K I A R A S T L
Í N Á V O P M E K I M L I O
N Ý E Z J Z Š I I S G A V V
Ě Č N Š W W I G M T S Y I O
M Á Y B Ě H T A A I H F T D
U S D Z G T Í M R K M G A C
R R H Z T L O W E A P E W P
X I K F Y Z P P K S L M V F
```

AKTIVITA   HRY
UMĚNÍ   ČTENÍ
ŘEMESLA   VOLNÝ ČAS
KEMPOVÁNÍ   MAGIE
KERAMIKA   MALOVÁNÍ
LOV   RYBOLOV
DOVEDNOST   POTĚŠENÍ
ŠITÍ   TURISTIKA
ZÁJMY

41 - Mode

```
K  I  T  U  B  D  L  S  C  I  H  M  S  T
R  M  O  D  E  R  N  Í  T  N  S  G  O  L
A  K  V  I  Š  Ý  V  S  K  Y  S  W  F  A
J  P  T  K  A  N  I  N  A  Y  L  B  I  Č
K  Z  Ů  E  L  E  G  A  N  T  N  Í  S  Í
A  F  T  V  A  R  S  T  C  G  F  N  T  T
D  G  A  M  O  K  O  I  Z  V  W  E  I  K
N  R  Ý  N  L  D  O  H  O  P  X  Ř  K  A
E  O  A  B  B  O  N  L  U  F  U  Ě  O  P
R  Z  U  H  S  I  H  Í  C  A  L  M  V  S
T  V  T  W  Ý  N  M  O  R  K  S  D  A  Y
P  R  A  K  T  I  C  K  Ý  B  W  H  N  E
T  E  X  T  U  R  A  U  M  T  R  L  Ý  O
O  P  J  E  D  N  O  D  U  C  H  Ý  W  H
```

BUTIK	VZOR
TLAČÍTKA	PŮVODNÍ
VÝŠIVKA	PRAKTICKÝ
DRAHÝ	JEDNODUCHÝ
POHODLNÝ	SOFISTIKOVANÝ
KRAJKA	STYL
ELEGANTNÍ	TREND
MĚŘENÍ	TEXTURA
MODERNÍ	TKANINA
SKROMNÝ	

42 - Fleurs

```
R  N  Í  M  S  A  J  T  U  L  I  P  Á  N
Y  Ů  G  Á  X  U  S  G  N  L  A  Y  G  L
C  T  Ž  K  M  H  P  G  U  N  Z  N  O  L
I  C  E  E  C  I  N  Č  E  N  U  L  S  I
B  A  Z  I  I  P  Š  E  Ř  Í  K  G  T  G
I  K  T  L  P  N  I  N  A  R  C  I  S  I
Š  Š  J  Ó  M  Z  É  V  O  Z  S  P  E  Y
E  I  A  N  A  I  F  D  O  L  I  L  I  E
K  L  W  G  K  E  S  N  R  Ň  U  W  Y  C
L  E  V  A  N  D  U  L  E  A  K  E  H  I
E  P  C  M  E  R  E  M  Z  Z  G  A  H  T
X  M  Z  D  Č  E  N  J  E  T  E  L  M  Y
W  A  W  X  U  O  R  C  H  I  D  E  J  K
I  P  O  T  M  P  L  U  M  E  R  I  A  S
```

KYTICE	MUČENKA
GARDÉNIE	MÁK
IBIŠEK	PAMPELIŠKA
JASMÍN	PIVOŇKA
NARCIS	PLUMERIA
LEVANDULE	RŮŽE
ŠEŘÍK	SLUNEČNICE
LILIE	JETEL
MAGNÓLIE	TULIPÁN
ORCHIDEJ	

43 - Nourriture #2

```
A I J M C E L E R C G R O Y
F R T G A L M Z P W R I H U
Z M E D B N A U N L W C E R
B H C K U P D H R O Z E N A
É A I V O N Á L Y W D U Z J
L V N U H L L A E K U Ř E Č
H E E Á C V O I O P T Ş C E
C J Š M N P K W L C V L I E
O C P F K D O I L E F T L O
M E A H D A Č K Y R K Ř O P
A Š U N K A F T P Ý E E K H
N R F P H D Y R K Ž R Š O C
G P X T F R Y B A E U E R W
O K L B A J K Z F W M Ň B J
```

MANDLE	KIWI
LILEK	MANGO
BANÁN	VEJCE
PŠENICE	CHLÉB
BROKOLICE	RYBA
TŘEŠEŇ	JABLKO
CELER	KUŘE
HOUBA	HROZEN
ČOKOLÁDA	RÝŽE
ŠUNKA	RAJČE

44 - Algèbre

```
R V U K K E X P O N E N T V
O B Z G P I A O G G U C O S
V E Y O Z L O M E K U P Í K
N F W L R O T K A F S R N S
I A K S A E Á N N Ě M O R P
C L W Í W B C M F J D B Á O
E Ý B Č X J D J A Z R L E D
Í N E Š E Ř A I J T C É N Č
L Š N U L A L T A E I M I Í
N E K O N E Č N Ý G S C L T
A L M N O Ž S T V Í R K E Á
S A K R O V Á Z U Z T A H N
J F A R G B Y I C G J V M Í
Z J E D N O D U Š I T K Z W
```

DIAGRAM	MATICE
EXPONENT	ČÍSLO
ROVNICE	ZÁVORKA
FAKTOR	PROBLÉM
FALEŠNÝ	MNOŽSTVÍ
VZOREC	ZJEDNODUŠIT
ZLOMEK	ŘEŠENÍ
GRAF	ODČÍTÁNÍ
NEKONEČNÝ	PROMĚNNÁ
LINEÁRNÍ	NULA

45 - Océan

```
R Y B A Ú V H J Z J A K S S
L N A V C T F O Y O L R V D
Z L R U E X E S U A S E S E
J V K Ď Y L C S W B K V D L
Y Ú H O Ř K R I L E A E T F
S R H L W W J Y G N Ú T S Í
P Ř Í L I V Y B B M S A Ů N
Ž M D Á Ž E L V A A T T L M
R L F R F S V J V V Ř U E E
A O O O E V B J X Z I Ň G D
L R N K N N O E K U C Á K Ú
O J W H V K U G Y P E K U Z
K S V G I F Ř O P A F I K A
S J I G I L E E G F N P G I
```

ÚHOŘ	MEDÚZA
VELRYBA	RYBA
LOĎ	ŽRALOK
KORÁL	ÚTES
KRAB	SŮL
KREVETA	BOUŘE
DELFÍN	TUŇÁK
HOUBA	ŽELVA
ÚSTŘICE	VLNY
PŘÍLIVY	

46 - Remplir

```
K  Í  L  P  U  Š  P  W  B  O  K  H  E  K
I  A  K  L  Á  B  O  S  L  E  R  A  B  A
R  K  R  X  F  E  L  L  Á  C  F  F  A  P
U  Š  P  T  I  C  D  O  H  I  U  D  H  S
W  A  S  H  O  I  I  Ž  E  B  K  T  X  A
K  T  U  S  Z  N  V  K  V  A  Í  J  Z  W
B  B  K  N  U  E  A  A  O  R  N  J  N  E
A  L  E  Z  E  L  L  T  A  K  B  U  R  T
L  P  Y  L  K  K  P  K  D  S  O  T  C  P
Í  B  O  V  Í  S  A  X  Z  Z  S  W  K  V
Č  K  J  V  Š  K  F  O  J  C  Á  I  N  Y
E  T  Y  E  O  B  E  D  N  A  Z  Á  V  N
K  K  B  K  K  D  S  F  G  B  N  L  H  F
R  E  C  W  I  H  Í  T  O  D  V  V  H  J
```

BAREL	BALÍČEK
POVODÍ	ZÁSOBNÍK
KRABICE	KAPSA
LÁHEV	SKLENICE
BEDNA	TAŠKA
KARTON	KBELÍK
SLOŽKA	ŠUPLÍK
OBÁLKA	TRUBKA
PLAVIDLO	KUFR
KOŠÍK	VÁZA

47 - Antiquités

```
S T O L E T Í I C A B G A U
G V B A H C O S E B B A U M
T X P W K M I X N A E L K Ě
E A S T N V Y T A G J E C N
A G K B S H A X S L G R E Í
T M C F T J B L O E R I W H
O B N O V E N Í I F V E S V
N E O B V Y K L Ý T N N D M
D C R B O R E Y Š X A R I A
O N N V C V T T J P W I W L
H I V X V R Y S R Z E Z K B
F M N B H A B T D H N R H Y
S T A R Ý L Á O E J O L K C
S G N Í N T N A G E L E N Y
```

UMĚNÍ	MINCE
ŠPERKY	CENA
AUKCE	KVALITA
ELEGANTNÍ	OBNOVENÍ
GALERIE	SOCHA
NEOBVYKLÝ	STOLETÍ
INVESTICE	STYL
NÁBYTEK	HODNOTA
MALBY	STARÝ

48 - Boxe

```
Z Z K O P S W W P R R V B Z
O K E O I X Í N U Ř Y L O R
T H N W H A Í L C E C O D A
A I O T N T Č A P H K Y N N
V I V S T P I A D U L E S Ě
E N Z O F K U S V O Ý T T N
N G P N L Z J U K S H R Ě Í
Í G Ě D M L B O M O H Z L R
B T S E A Z K Í N V O J O B
R E T V Y Č E R P A N Ý P R
A D U O R I H R F N H T H L
D Y N D O N F O M A R H W G
A Y I P B Z U H F L S G X S
H H D K R U K A V I C E N S
```

SOUPEŘ	LOKET
ROZHODČÍ	KOP
ZRANĚNÍ	VYČERPANÝ
ZVONEK	SÍLA
ROH	RUKAVICE
BOJOVNÍK	BRADA
DOVEDNOST	PĚST
OHNISKO	BODY
LANA	RYCHLÝ
TĚLO	ZOTAVENÍ

49 - Ballet

```
E D M Y J Y Z L D F O J X G
I A S T Y L K R O E R Z N E
E N R B J A O E V X C C L S
L Í T B H V U G E P H H A T
E R X E L Š K D R E O P O
G E C A N C K S N E S R U T
A L A G F Z A U O S T E B A
N A B D U H I M S I R O L N
T B B S F R H T T V M G I E
N U X T A K V Y A N T R K Č
Í O L O T C T R L Í B A U N
U M Ě L E C K Ý A F W F M Í
S K L A D A T E L W P I M C
E A U W S Ó L O G W K E J I
```

UMĚLECKÝ
BALERÍNA
CHOREOGRAFIE
DOVEDNOST
SKLADATEL
TANEČNÍCI
EXPRESIVNÍ
GESTO
ELEGANTNÍ

INTENZITA
SVALY
HUDBA
ORCHESTR
PUBLIKUM
ZKOUŠKA
RYTMUS
SÓLO
STYL

50 - Fruit

```
B P T T B Y J I P P E D V J
K Y U J I C W O K M M C E A
R K T B T E T X Ň I M T K B
U H R O Z E N B E A E C S L
C C G W F L E O Š L R B O K
C I T R O N N R E B U Y R O
M A N G O M U A Ř N Ň B B G
A V O K Á D O N T Á K Z O S
V K C I X S L Ž O N A K Y B
A Z Š C S E E O S A N A N A
U K T U E M M V B B I W I K
G W J I R U B Ý W R L S K N
D P U S J H A J Á P A P D N
N E K T A R I N K A M U Y J
```

MERUŇKA	KIWI
ANANAS	MANGO
AVOKÁDO	MELOUN
BOBULE	NEKTARINKA
BANÁN	ORANŽOVÝ
TŘEŠEŇ	PAPÁJA
CITRON	BROSKEV
OBR	HRUŠKA
MALINA	JABLKO
GUAVA	HROZEN

51 - Musique

```
H  L  K  O  O  O  V  I  N  M  U  B  L  A
U  Y  Y  P  O  E  T  I  C  K  Ý  A  B  J
D  Y  A  R  W  V  R  R  C  T  I  L  L  R
E  Ý  K  C  I  S  A  L  K  K  S  A  B  H
B  N  E  E  O  C  K  Í  N  B  E  D  U  H
N  T  R  L  T  O  K  X  Z  M  N  A  M  R
Í  O  E  Y  C  V  W  Ý  P  E  Á  K  I  Y
V  Z  U  M  T  F  X  H  Ě  L  S  V  K  T
X  R  R  L  P  M  J  M  V  O  T  Á  R  M
O  P  E  R  A  O  I  C  Á  D  R  R  O  U
H  L  A  S  O  V  Ý  C  K  I  O  H  F  S
H  A  R  M  O  N  I  E  K  E  J  A  O  D
Z  P  Í  V  A  T  L  W  U  Ý  W  N  N  W
H  A  R  M  O  N  I  C  K  Ý  F  D  H  U
```

ALBUM	MELODIE
BALADA	MIKROFON
ZPÍVAT	HUDEBNÍ
ZPĚVÁK	HUDEBNÍK
KLASICKÝ	OPERA
NAHRÁVKA	POETICKÝ
HARMONIE	RYTMUS
HARMONICKÝ	RYTMICKÝ
NÁSTROJ	TEMPO
LYRICKÝ	HLASOVÝ

52 - L'Entreprise

```
R K E C I T S E V N I G H T
P R O F E S I O N Á L N Í R
P I I X G O O Í W T S T N E
V O W U Y N I N T S Y V Á N
W D K R U Ž J Č Ý Ě M O N D
J P Y R Y O X A J V Ů Ř T Y
X W N M O M C V H O R I S R
X K E K R K U O Z P P V Ě I
P O D N I K Á N Í D B Ý M Z
P R O D U K T I F A R R A I
K V A L I T A B J G X O Z K
P R E Z E N T A C E X V J A
G L O B Á L N Í P J E Y A E
R O Z H O D N U T Í K D I L
```

PODNIKÁNÍ	PRODUKT
TVOŘIVÝ	PROFESIONÁLNÍ
ROZHODNUTÍ	POKROK
ZAMĚSTNÁNÍ	KVALITA
GLOBÁLNÍ	ZDROJE
PRŮMYSL	VÝNOS
INOVAČNÍ	POVĚST
INVESTICE	RIZIKA
MOŽNOST	TRENDY
PREZENTACE	

53 - Gouvernement

```
F  E  G  S  Ú  S  R  K  D  S  T  Á  T  S
A  D  B  L  S  V  O  L  E  M  P  O  S  P
C  R  I  K  T  O  V  I  M  J  O  B  Y  R
N  I  E  O  A  B  N  D  O  T  L  Č  M  A
O  E  V  R  V  O  O  N  K  G  I  A  B  V
K  X  Z  I  A  D  S  Ý  R  M  T  N  O  E
Á  C  G  Á  L  A  T  Y  A  K  I  S  L  D
Z  E  I  O  V  N  V  P  C  Í  K  T  Í  L
P  R  Á  V  A  I  Í  K  I  N  A  V  N  N
V  Z  H  H  V  M  S  O  E  M  Á  Í  D  O
N  Á  R  O  D  N  Í  L  T  O  I  R  U  S
N  O  Y  W  L  U  I  P  O  P  Y  J  O  T
K  G  L  S  V  E  S  U  K  S  I  D  S  D
P  R  O  J  E  V  R  O  K  H  T  H  P  Z
```

OBČANSTVÍ	SOUDNÍ
CIVILNÍ	SPRAVEDLNOST
ÚSTAVA	SVOBODA
DEMOKRACIE	ZÁKON
PROJEV	POMNÍK
DISKUSE	NÁROD
PRÁVA	NÁRODNÍ
ROVNOST	KLIDNÝ
STÁT	POLITIKA
NEZÁVISLOST	SYMBOL

54 - Randonnée

```
Y  T  O  B  T  E  R  D  F  C  J  R  D  Y
K  I  J  P  Ř  Í  P  R  A  V  A  Z  Z  B
R  A  D  O  V  G  X  Y  E  O  F  K  N  K
A  P  M  S  W  M  O  D  U  J  D  D  M  A
P  A  K  E  F  D  S  V  Ý  K  O  V  I  D
Z  M  H  Ý  N  E  V  A  N  U  L  N  R  W
V  K  P  O  Z  Y  Ú  T  E  S  G  I  V  R
Í  T  W  C  R  T  Ě  Ž  K  Ý  F  I  M  U
Ř  K  G  N  P  A  D  O  R  Í  Ř  P  X  A
A  M  P  R  Ů  V  O  D  C  E  L  H  X  U
T  R  S  L  U  N  C  E  S  U  M  M  I  T
A  O  R  I  E  N  T  A  C  E  T  R  H  C
K  E  M  P  O  V  Á  N  Í  S  A  Č  O  P
X  E  T  A  X  S  K  P  D  D  T  T  X  B
```

ZVÍŘATA	POČASÍ
BOTY	HORA
KEMPOVÁNÍ	PŘÍRODA
MAPA	ORIENTACE
KLIMA	PARKY
VODA	KAMENY
ÚTES	PŘÍPRAVA
UNAVENÝ	DIVOKÝ
PRŮVODCE	SLUNCE
TĚŽKÝ	SUMMIT

55 - Art

```
Z A R Ý V P T Z Z H G H S B
O D Y U Y L Ů C N U W X L P
R F Y B L A M V Y N O S O O
S X Z K Í M D I O P D A Ž E
X Y I R Č J W A Y D P N E Z
Í A M N I E U G C A N X N I
N W S B T Ě M D E Ř P Í Í E
B Á G K O K E R A M I C K Ý
O M L Z D L E U V W J N F N
S V S A H C O S A G D C N M
O W W W D X G B T E N W M Í
I G L E U A I J S G X Z S Ř
V Y T V O Ř I T O Z Y V K P
U Ý N A V O R I P S N I F U
```

KERAMICKÝ	INSPIROVANÝ
SLOŽENÍ	PŮVODNÍ
VYTVOŘIT	MALBY
VYLÍČIT	OSOBNÍ
VÝRAZ	POEZIE
POSTAVA	SOCHA
UPŘÍMNÝ	PŘEDMĚT
NÁLADA	SYMBOL

56 - Nutrition

```
K M K H M O T N O S T K S O
T A P R O T E I N Y W V Ý R
R W P G E P G Í N E Š A V K
Á Í V A R D Z E I R O L A K
V C T K L S T R A V A I R V
E J Y R V I B S V H D T D Y
N O I K G I N T T G I A Z V
Í Ý K R O H D Y K Z R W J Á
T O X I N Ř U V S K A C E Ž
P Z W A K E E R V K H R D E
P Ř Í C H U Ť N N W C D L N
O M Á Č K A A Z Í X A H Ý Ý
V I T A M Í N M Y D S O U L
G P G W S M V C O F O C G Ť
```

HORKÝ	KAPALINY
CHUŤ	HMOTNOST
KALORIE	PROTEINY
JEDLÝ	KVALITA
STRAVA	ZDRAVÝ
TRÁVENÍ	ZDRAVÍ
KOŘENÍ	OMÁČKA
VYVÁŽENÝ	PŘÍCHUŤ
KVAŠENÍ	TOXIN
SACHARID	VITAMÍN

57 - Créativité

```
U Y V I T A L I T A Y I I P
M D O V E D N O S T S N N R
Ě A T I Z N E T N I C S T A
L P T E K U T O S T B P U V
E Á T Z D S D O J E M I I O
C N S I B X P T E I U R C S
K V O V J O R O S L L A E T
Ý D N M N X E K N P Z C Y I
C C S T P C N W X T H E P C
D R A M A T I C K Ý Á K Y O
R R J E M O C E S K X N S P
V Y N A L É Z A V Ý F I N M
V Ý R A Z A R B O Y I C Y Í
P Ř E D S T A V I V O S T U
```

UMĚLECKÝ   PŘEDSTAVIVOST
PRAVOST   DOJEM
JASNOST   INSPIRACE
DOVEDNOST   INTENZITA
DRAMATICKÝ   INTUICE
VÝRAZ   VYNALÉZAVÝ
EMOCE   POCIT
TEKUTOST   SPONTÁNNÍ
NÁPADY   VIZE
OBRAZ   VITALITA

58 - Science Fiction

```
R O M P I F S Z R E Z I K I
E S X B L M K R O O B G O L
A V P X T A A O B N B H J U
L O I T F U N G C I B O B Z
I H C U B Ý V E I K G T T E
S E I X A L A G T N Ř Y X Y
T Ň U T O P I E A A Á T R H
I E X T R É M N Í F N R Z L
C E T Š Ě V O I E H É G N D
K A T O M O V Ý V N C V D Í
Ý N M E J A T J E F S P J G
S V Ě T K N I H Y K B E M F
O W V F A N T A S T I C K Ý
F U T U R I S T I C K Ý O U
```

ATOMOVÝ
KINO
VÝBUCH
EXTRÉMNÍ
FANTASTICKÝ
OHEŇ
FUTURISTICKÝ
GALAXIE
ILUZE
IMAGINÁRNÍ

KNIHY
SVĚT
TAJEMNÝ
VĚŠTEC
PLANETA
REALISTICKÝ
ROBOTY
SCÉNÁŘ
UTOPIE

59 - Professions #1

```
L D K F J C E V O L T I S V
K É W L A S R Ě W T A N E E
P F K N E T Z D A Z N S S L
Č I S A H N A E T U E T T V
X M O N Ř W O C S D Č A R Y
K N L R D R B T I L N L A S
P A J X M Y A Á N V Í A A L
R L R G O N N K A Í K T S A
U L U T K X K O I E K É T N
P R I F O D É V P D P R R E
C C F N X G Ř D T I H S O C
G E O L O G R A B T D W N S
T R E N É R U A S O X T O L
H U D E B N Í K F R L M M C
```

VELVYSLANEC
ASTRONOM
ADVOKÁT
BANKÉŘ
KLENOTNÍK
KARTOGRAF
LOVEC
TANEČNÍK
TRENÉR

EDITOR
GEOLOG
SESTRA
LÉKAŘ
HUDEBNÍK
PIANISTA
INSTALATÉR
HASIČ
VĚDEC

60 - Géologie

```
N  L  J  A  S  U  T  G  G  A  J  M  E  C
O  X  H  A  A  N  I  L  E  S  Y  K  R  K
K  O  N  T  I  N  E  Ň  T  J  V  Y  O  Á
D  R  O  Z  T  A  V  E  N  Ý  Z  V  Z  M
Y  L  A  T  S  Y  R  K  Z  C  O  Í  E  E
F  O  S  I  L  I  E  Ř  Ó  E  E  T  R  N
P  W  U  P  Ů  R  D  E  N  F  X  Ě  W  U
R  L  J  H  S  V  U  M  A  H  L  N  L  V
K  F  O  P  O  T  M  E  I  P  F  Y  X  R
D  O  P  Š  H  D  A  N  S  O  P  K  A  S
M  B  R  T  I  T  K  A  L  A  T  S  X  T
S  A  J  Á  S  N  L  Á  V  A  P  E  X  V
O  Y  C  C  L  J  A  O  A  J  T  J  Z  A
M  I  N  E  R  Á  L  Y  V  Á  P  N  Í  K
```

KYSELINA	GEJZÍR
VÁPNÍK	LÁVA
JESKYNĚ	MINERÁLY
KONTINENT	KÁMEN
KORÁL	PLOŠINA
VRSTVA	KŘEMEN
KRYSTALY	SŮL
EROZE	STALAKTIT
ROZTAVENÝ	SOPKA
FOSILIE	ZÓNA

61 - Cirque

```
I  H  U  O  A  L  D  H  H  L  O  C  A  P
B  U  O  P  I  C  E  K  O  S  T  Ý  M  J
S  T  A  Z  Á  K  U  J  D  I  V  Á  K  H
L  N  T  I  V  A  B  R  P  Z  M  O  T  F
Í  W  A  A  K  R  O  B  A  T  S  K  L  Ž
S  K  Ř  B  Z  V  R  X  L  S  J  Á  E  O
T  O  Í  I  S  T  A  N  O  L  S  Z  V  N
E  X  V  N  P  U  R  U  D  M  F  A  F  G
K  X  Z  U  L  A  M  A  G  I  E  L  A  L
Y  T  N  A  P  E  D  B  N  K  T  Ý  F  É
Y  N  Ó  L  A  B  Z  D  O  V  Ů  R  P  R
B  U  E  K  A  J  V  U  I  K  J  G  I  X
L  O  F  N  B  A  L  H  O  W  A  Y  V  W
A  S  Y  T  K  A  H  D  T  K  D  T  M  E
```

AKROBAT	KOUZELNÍK
ZVÍŘATA	MAGIE
BALÓNY	UKÁZAT
LÍSTEK	HUDBA
KLAUN	PRŮVOD
KOSTÝM	OPICE
BAVIT	OKÁZALÝ
SLON	DIVÁK
ŽONGLÉR	STAN
LEV	TYGR

62 - Jardin

```
H  S  U  Ě  O  I  O  A  C  E  D  A  B  V
A  T  U  B  G  G  K  Z  O  S  P  U  S  J
D  R  T  Á  B  A  L  T  R  Á  V  N  Í  K
I  O  R  R  H  R  W  O  N  Í  V  X  M  N
C  M  A  H  L  Á  O  U  P  K  T  M  K  H
E  T  M  K  O  Ž  H  A  D  A  R  H  A  Z
L  R  P  V  U  R  L  C  D  T  O  L  P
A  Á  O  Ě  F  L  P  Y  Y  Ů  T  A  U  K
V  V  L  T  F  P  S  A  B  P  B  L  F  S
I  A  Í  I  U  Y  I  S  C  N  N  V  H  A
C  I  N  N  R  D  V  A  D  Í  Í  R  M  D
E  C  A  A  K  Ř  L  R  U  R  S  K  K  H
W  U  G  W  L  E  V  E  L  P  M  Í  L  F
X  A  X  X  G  K  G  T  G  P  C  I  T  H
```

STROM	PLEVEL
LAVICE	LOPATA
KEŘ	TRÁVNÍK
PLOT	HRÁBĚ
RYBNÍK	PŮDA
KVĚTINA	TERASA
GARÁŽ	TRAMPOLÍNA
HOUPACÍ SÍT	HADICE
TRÁVA	SAD
ZAHRADA	VÍNO

63 - Santé et Bien Être #1

```
X  B  H  J  C  V  V  C  O  P  D  G  T  G
K  L  I  N  I  K  A  Ý  S  V  A  L  Y  A
E  Y  N  T  P  Z  N  I  Š  F  L  T  S  F
E  S  V  U  X  M  A  U  I  K  H  K  Y  B
I  N  P  Z  C  W  X  K  O  Ř  A  K  É  L
R  E  L  A  X  A  C  E  T  E  V  B  W  Z
E  L  K  L  V  B  C  Ž  O  I  W  W  O  R
T  É  O  É  I  Č  P  Ů  J  P  V  P  T  A
K  K  S  K  R  É  D  K  W  A  Y  N  X  N
A  G  T  Á  U  L  I  U  O  R  D  E  Í  Ě
B  M  I  R  S  R  E  F  L  E  X  C  V  N
U  L  E  N  H  X  J  T  N  T  N  V  C  Í
F  C  I  A  X  L  S  H  O  R  M  O  N  Y
Z  L  O  M  E  N  I  N  A  H  R  L  A  O
```

AKTIVNÍ	LÉK
BAKTERIE	SVALY
ZRANĚNÍ	KOSTI
KLINIKA	KŮŽE
HLAD	LÉKÁRNA
ZLOMENINA	RELAXACE
ZVYK	REFLEX
VÝŠKA	TERAPIE
HORMONY	LÉČBA
LÉKAŘ	VIRUS

64 - Barbecues

```
W W Z S G R I L H N C B D S
C B N E Ů G T U O O I P I E
Z W O Ř L L Ě L R Ž B J L Y
Y P S U M E D K K E U O R C
M S B K C T N U Ý R L V G W
S N X H M M K I A B E O O O
F Z R Z T U A N N L Z C L O
Z A A N F Y T Á L A S E M E
P E P Ř L V A D Ě B O N J V
J W F I É F Č J O D A L H E
P M R H T Z J T B U H C K Č
F S O N O F A I S H T R H E
F H F N J J R R W C K D Y Ř
C O M Á Č K A N I D O R Y E
```

HORKÝ	HRY
NOŽE	ZELENINA
OBĚD	HUDBA
VEČEŘE	CIBULE
DĚTI	PEPŘ
LÉTO	KUŘE
HLAD	SALÁTY
RODINA	OMÁČKA
OVOCE	SŮL
GRIL	RAJČATA

65 - Animaux de Compagnie

```
R Y D K S M D K I J K C P J
P D P H C W I F K E Č E Ř K
L Í M E C O C A S Š O P H E
P R Y B A L T V J T M R D N
A A P O O D I L G Ě G A U Í
D K P E I Í D E M R T V Y M
R V K O S J S Ž A K Č O K E
Á O Y O U K O Z A A F L K Ř
P D L N C Š Š T Ě N Ě Z Í K
Y A P Z T M E T W H A O L R
P I Z V I W S K Z L Y R Á Á
M F D U E V M Y Š C S O R V
V E T E R I N Á Ř X M B K A
J H G V U U Z T L Z X G R O
```

KOČKA	KRÁLÍK
KOTĚ	JEŠTĚRKA
KOZA	JÍDLO
PES	PAPOUŠEK
ŠTĚNĚ	RYBA
LÍMEC	OCAS
VODA	MYŠ
DRÁPY	ŽELVA
KŘEČEK	KRÁVA
ŘEMÍNEK	VETERINÁŘ

66 - Forêt Tropicale

```
C F P V O F T J L H U E Í S
R E Í T Y P E G D L G L V D
O U N E Á I V I O E O X T R
Z Z Á N V C X Y N X G O S I
M D V M Ý X I P Ů V O D N Í
A R O E B J Z X Z L R M E W
N U H C X A C Y K A R M Č P
I H C H H K L I M A D G E Ř
T F A T C Ú J H K H Ž I L Í
O D Z D Y V Z O C M U S O R
S B O T A N I C K Ý N A P O
T Ú T O Č I Š T Ě B G V S D
O B N O V E N Í D J L C F A
P Ř E Ž I T Í F I Z E I Y I
```

BOTANICKÝ
KLIMA
SPOLEČENSTVÍ
ROZMANITOST
DRUH
PŮVODNÍ
HMYZ
DŽUNGLE
SAVCI
MECH

PŘÍRODA
MRAKY
PTÁCI
CENNÝ
ZACHOVÁNÍ
ÚTOČIŠTĚ
ÚCTA
OBNOVENÍ
PŘEŽITÍ

67 - Ferme #1

```
Z  S  S  K  E  D  S  B  U  E  Ř  U  K  L
K  E  T  E  L  E  N  U  P  Ž  N  L  R  G
Ů  P  M  Z  O  T  A  M  N  Ý  P  N  Á  T
Ň  H  J  Ě  X  G  F  F  E  R  S  B  V  L
N  N  N  C  D  B  P  L  O  T  T  X  A  N
E  Y  V  O  S  Ě  H  B  N  V  Á  K  K  L
B  A  R  L  J  K  L  D  E  M  D  V  Č  N
V  I  D  K  T  I  X  S  S  N  O  U  O  A
Y  Z  Z  F  M  D  V  P  T  F  A  W  K  L
E  D  W  O  F  S  T  O  X  V  P  O  L  E
B  U  X  D  N  V  R  Á  N  A  Í  S  E  Č
J  S  R  I  S  T  V  B  S  Z  C  W  S  V
A  R  W  S  Y  R  G  G  V  O  L  K  O  E
D  T  P  F  T  V  O  D  A  K  U  R  P  A
```

VČELA	VRÁNA
ZEMĚDĚLSTVÍ	VODA
OSEL	HNOJIVO
BIZON	SENO
POLE	MED
KOČKA	KUŘE
KŮŇ	RÝŽE
KOZA	STÁDO
PES	KRÁVA
PLOT	TELE

68 - Café

```
M  D  D  Ť  U  H  C  Í  Ř  P  P  N  G  V
W  J  X  M  É  R  K  E  Á  D  Ů  M  U  Ů
K  O  F  E  I  N  Y  M  N  R  M  V  W  N
C  P  G  S  B  T  S  D  R  A  L  K  O  Ě
E  Á  E  L  P  Z  E  D  E  P  É  U  N  D
H  N  B  Y  K  F  L  B  Č  J  K  L  Á  O
B  V  O  D  A  A  Ý  U  F  N  O  R  R  D
C  R  Á  H  O  P  A  H  O  R  K  Ý  K  R
E  T  O  Z  V  J  Y  V  G  X  T  Y  U  Ů
K  L  A  U  L  M  A  H  I  H  I  T  C  D
H  I  V  E  S  L  O  D  N  R  G  E  O  A
H  F  Z  E  M  I  Y  C  X  D  Y  U  H  L
L  G  B  P  E  A  T  Í  P  T  U  Z  M  S
K  A  P  A  L  I  N  A  N  A  L  H  S  G
```

KYSELÝ	KAPALINA
HORKÝ	RÁNO
VŮNĚ	BROUSIT
PÍT	ČERNÁ
NÁPOJ	PŮVOD
KOFEIN	CENA
KRÉM	PŘÍCHUŤ
VODA	CUKR
FILTR	POHÁR
MLÉKO	ODRŮDA

69 - Antarctique

```
E  C  V  O  D  E  L  U  F  Z  H  Z  W  O
P  G  K  E  P  X  V  W  C  E  J  A  Z  V
D  D  A  M  L  T  L  E  D  M  O  M  V  E
M  R  A  K  Y  R  Á  M  H  Ě  O  M  A  A
S  N  D  Í  L  H  Y  C  I  P  E  F  P  D
K  J  O  N  Á  B  P  B  I  I  N  T  O  V
A  W  V  M  R  L  E  G  Y  S  Y  N  S  Ě
L  T  Y  U  E  C  I  D  E  P  X  E  T  D
N  E  F  K  N  C  X  L  N  U  G  N  R  E
A  P  A  Z  I  S  A  B  L  S  D  I  O  C
T  L  Z  Ý  M  X  Y  R  K  F  U  T  V  K
Ý  O  P  V  R  Y  I  N  G  R  F  N  Y  Ý
T  T  Z  Á  L  I  V  Z  G  I  O  O  D  X
O  A  Z  K  R  O  L  H  Y  J  M  K  T  U
```

ZÁLIV	OSTROVY
VELRYBY	MIGRACE
VÝZKUMNÍK	MINERÁLY
KONTINENT	MRAKY
VODA	PTÁCI
EXPEDICE	SKALNATÝ
ZEMĚPIS	VĚDECKÝ
LED	TEPLOTA
LEDOVCE	

70 - Professions #2

```
Z O O L O G V I M J T S L R
F I R A D E Y R N R R A É U
B A M L G I N B O Ž L U K N
V I G U U V Á T P N E K A X
F Ý O Y T O L I P W T N Ř H
I G Z L B M E J V T I U Ý N
L D M K O C Z W I Y Č Y H R
O T L B U G C Ř A B U Z S P
Z T C I N M E C H I R U R G
O M F R K Í N D A R H A Z J
F N L J A T Ř Í L A M I B E
F O T O G R A F K K X C Y R
B L I N G V I S T A B E U A
A S T R O N A U T C D D X S
```

ASTRONAUT	ZAHRADNÍK
BIOLOG	LINGVISTA
VÝZKUMNÍK	LÉKAŘ
CHIRURG	MALÍŘ
ZUBAŘ	FILOZOF
UČITEL	FOTOGRAF
INŽENÝR	PILOT
VYNÁLEZCE	ZOOLOG

71 - Les Abeilles

```
U V N B H C D H K L O X J J
J C Y W M É T S Y S O K E X
P L N A Y N I T Ě V K I E Z
Ý V I N Z Í Ř P Ě O C J D Y
X C L V V J O R K V V V F F
H V T O O Í M W E Ř K O O W
X Z S L S D Z U N X Í Z C J
N A O Á K L Ú F P T X D W E
U H R R W O D B Y E K B L C
G R W K Č A V O L Y P O U A
I A F R O Z M A N I T O S T
M D Y S L U N C E R P H Y G
E A O B W N U N G K O U Ř U
D G A N Z G Y V T X F C A F
```

KŘÍDLA	HMYZ
PŘÍZNIVÝ	ZAHRADA
VOSK	MED
ROZMANITOST	JÍDLO
ROJ	ROSTLINY
EKOSYSTÉM	PYL
KVĚT	OPYLOVAČ
KVĚTINY	KRÁLOVNA
OVOCE	ÚL
KOUŘ	SLUNCE

72 - Santé et Bien Être #2

```
J  M  M  I  P  V  H  V  R  N  M  R  L  N
V  Ý  Ž  I  V  A  R  Y  P  A  G  M  M  E
C  H  U  Ť  M  U  B  T  G  K  B  E  A  M
M  A  S  Á  Ž  J  O  I  W  I  V  E  S  O
A  N  A  T  O  M  I  E  B  T  E  V  Ý  C
N  T  K  E  N  E  R  G  I  E  R  N  V  N
J  S  R  T  W  V  Z  G  Y  N  K  X  A  I
I  O  L  Ě  T  B  U  O  D  E  H  O  R  C
X  N  L  V  T  M  B  L  T  G  R  E  D  E
A  T  F  M  P  W  K  V  V  A  X  H  Z  E
I  O  O  E  I  R  O  L  A  K  V  S  S  I
M  M  T  X  K  S  T  R  E  S  A  E  V  W
R  H  M  V  W  C  O  M  E  N  V  L  N  K
N  O  C  G  H  Y  E  I  G  R  E  L  A  Í
```

ALERGIE	INFEKCE
ANATOMIE	NEMOC
CHUŤ	MASÁŽ
KALORIE	VÝŽIVA
TĚLO	HMOTNOST
ENERGIE	ZOTAVENÍ
GENETIKA	ZDRAVÝ
NEMOCNICE	KREV
HYGIENA	STRES

73 - Conduite

```
A U T O X L P M I J J Y L Y
S A P A M O I O G L P D B S
Y D B R Z D Y C L J D D O I
M O T O C Y K L E I O C K L
P H S T G M E K N N C T Í N
A E O O F N G H U R C I Č I
L N N M T H N N T Y N E E C
I Z Č K I S F W N C Á G P E
V F E P R O V O Z H K A Z S
O B P H T U P B L L L R E A
T H Z L K R Ě E P O A Á B Y
Y L E R Y Z Š K S S Ď Ž E E
R H B N M N Í G U T Á B N M
S N I D O P R A V A K I N H
```

NEHODA
NÁKLAĎÁK
PALIVO
MAPA
NEBEZPEČÍ
BRZDY
GARÁŽ
PLYN
LICENCE
MOTOR

MOTOCYKL
PĚŠÍ
POLICIE
SILNICE
BEZPEČNOST
PROVOZ
DOPRAVA
TUNEL
RYCHLOST
AUTO

74 - Plantes

```
B  P  B  K  E  D  E  F  L  Ó  R  A  E  L
O  A  M  E  T  M  V  S  A  T  K  O  U  U
L  V  M  Ř  E  C  F  U  D  V  A  I  O  Z
X  P  A  B  L  F  P  T  A  H  T  A  D  Y
B  W  Z  U  U  Y  U  K  R  R  F  K  K  C
K  Ř  A  O  B  S  V  A  H  Á  K  I  K  F
B  U  E  J  O  E  U  K  A  T  V  N  Y  S
T  N  L  Č  B  L  M  E  Z  O  N  A  U  T
L  I  S  T  Ť  B  K  N  M  O  R  T  S  O
L  N  K  W  F  A  R  I  N  E  Ř  O  K  N
W  O  V  I  J  O  N  H  C  E  M  B  I  E
F  A  Z  O  L  E  K  V  Ě  T  I  N  A  K
L  T  O  N  D  E  X  R  Ů  S  T  A  Z  G
V  E  G  E  T  A  C  E  M  W  S  N  B  N
```

STROM	LES
BOBULE	RŮST
BAMBUS	FAZOLE
BOTANIKA	TRÁVA
KEŘ	ZAHRADA
KAKTUS	BŘEČŤAN
HNOJIVO	MECH
LIST	KOŘEN
KVĚTINA	STONEK
FLÓRA	VEGETACE

75 - Ferme #2

```
B O L C Ú P Š E N I C E Z N
U V A S L Y J Z C I I U D U
O C M H E C E J E O L D Í J
Z E A B Ř M H N L X V O E W
T A O R Ý L N X Ě D L O S Z
J K V J T É Ě W D A S N T E
F U N L S K Č D Ě N A P O L
Z V R I A O Í N M R R S D E
V L Z U P Ž C V E A O M O N
Í O D M S K O H Z M W H L I
Ř K A C H N A V P Z Č X A N
A K U O L U X D Á R V E T A
T K U K U Ř I C E N M N J B
A T R A K T O R V U Í G Z F
```

JEHNĚČÍ	LAMA
ZEMĚDĚLEC	ZELENINA
ZVÍŘATA	KUKUŘICE
PASTÝŘ	OVCE
PŠENICE	JÍDLO
KACHNA	JEČMEN
OVOCE	LOUKA
STODOLA	ÚL
ZAVLAŽOVÁNÍ	TRAKTOR
MLÉKO	SAD

76 - Vacances #2

```
S C H L V C H T I M F M I D
A W L H Í E G A G A G T E E
Č A N L Z S J X K P U L C S
Ý L I M U T K I E A A W A T
N A T S M A R X M B A K V I
L E T I Š T Ě O P M A J R N
O D B S Á N E L O V O D E A
V S O E S N V J V Y R Ř Z C
V P C P N T S Ž Á L P A E E
O L F L R T B A N L M B R I
R E A X G A E O Í L B L J A
T T L K C F V C I Z I N E C
S O E C A R U A T S E R M O
O H C E S T O V N Í P A S R
```

LETIŠTĚ	PLÁŽ
KEMPOVÁNÍ	RESTAURACE
MAPA	REZERVACE
DESTINACE	TAXI
CIZINEC	STAN
HOTEL	VLAK
OSTROV	DOPRAVA
VOLNÝ ČAS	DOVOLENÁ
MOŘE	VÍZUM
CESTOVNÍ PAS	CESTA

77 - Éthique

```
U E S P O L U P R Á C E G L
F C A H R O Z U M N O S T W
I N T S O R D U O M E G G Ý
L A I I O W J S G R T F S K
O R R T V R X U A H S T U C
Z E G S T Ý N M M R O S M I
O L E O S L A S K A V O S T
F O T V D É X I H J I N I A
I T N I I N M U O K L J M M
E M I T L M M R D C Ě O I O
M H V C C U L T N K P T T L
J H E O U Z Z L O G R S P P
F G Y P O O B A T P T Ů O I
X C U A U R S G Y F D D X D
```

ALTRUISMUS
SOUCIT
SPOLUPRÁCE
DŮSTOJNOST
DIPLOMATICKÝ
LASKAVOST
POCTIVOST
LIDSTVO
INTEGRITA

OPTIMISMUS
TRPĚLIVOST
FILOZOFIE
ROZUMNÉ
ROZUMNOST
UCTIVÝ
MOUDROST
TOLERANCE
HODNOTY

78 - Temps

```
M  R  T  W  U  T  H  B  D  G  H  N  T  E
A  I  O  E  G  K  O  R  O  C  P  Ř  E  D
R  B  N  E  D  T  D  Z  C  U  E  M  N  D
C  O  G  U  U  E  I  Y  E  E  P  Ě  D  E
M  L  Č  G  T  Ď  N  E  D  Ý  T  S  E  S
A  N  Z  N  V  A  Y  H  Y  Y  S  Í  L  E
P  H  B  L  Í  T  E  L  O  T  S  C  O  T
N  D  R  O  M  I  D  P  S  D  K  O  P  I
E  T  Á  P  V  U  G  E  E  C  I  N  F  L
S  Y  N  V  L  T  J  O  I  H  P  N  G  E
T  S  O  N  C  U  O  D  U  B  E  X  A  T
X  M  G  J  C  P  L  T  S  A  J  S  B  Í
F  T  L  R  Z  O  K  A  L  E  N  D  Á  Ř
V  Č  E  R  A  N  M  D  D  V  F  E  E  M
```

ROK	HODINY
ROČNÍ	DEN
PO	TEĎ
PŘED	RÁNO
BRZY	POLEDNE
KALENDÁŘ	MINUTA
DESETILETÍ	MĚSÍC
BUDOUCNOST	NOC
HODINA	TÝDEN
VČERA	STOLETÍ

79 - Maison

```
P  J  K  W  P  B  O  A  L  L  N  O  P  K
M  Z  Z  K  O  Š  T  Ě  O  R  É  K  O  N
H  A  R  B  R  K  C  X  I  D  R  N  D  I
H  H  C  B  T  O  Y  U  R  V  E  O  K  H
R  R  A  P  S  B  S  P  B  E  T  T  R  O
O  A  D  V  W  E  Č  Í  L  K  U  G  O  V
X  D  L  M  P  R  Z  Á  V  Ě  S  Y  V  N
J  A  O  K  S  E  P  R  Y  X  I  Y  Í  A
Y  R  H  S  U  C  G  L  J  H  S  I  S  P
D  V  E  Ř  E  C  A  A  O  I  D  G  P  M
H  B  H  I  K  N  H  P  R  T  N  F  R  A
S  T  Ř  E  C  H  A  Y  I  Á  S  J  C  L
B  Z  J  F  V  V  W  G  N  P  Ž  B  H  G
F  J  G  J  Y  H  V  A  N  Ě  T  S  A  I
```

KOŠTĚ	ZAHRADA
KNIHOVNA	LAMPA
KRB	ZRCADLO
KLÍČE	STĚNA
PLOT	STROP
KUCHYNĚ	DVEŘE
SPRCHA	ZÁVĚSY
OKNO	SUTERÉN
GARÁŽ	KOBEREC
PODKROVÍ	STŘECHA

80 - Légumes

```
A  B  U  O  H  M  I  J  L  L  X  L  P  N
V  R  E  J  E  R  C  R  Y  I  E  P  E  K
I  E  T  E  Y  K  P  A  W  L  N  E  T  O
L  L  Á  Y  K  E  G  S  D  E  D  E  R  D
O  E  L  B  Č  V  B  V  O  K  D  H  Ž  Ý
T  C  A  R  R  O  H  R  Á  Š  E  K  E  N
Ř  U  S  R  L  O  K  M  I  B  L  E  L  Ě
E  S  Ř  Z  M  J  K  A  G  I  U  N  T  B
D  L  Y  Í  G  A  T  O  P  X  B  S  L  R
K  T  T  Á  N  E  P  Š  L  K  I  E  B  S
E  Š  A  L  O  T  K  A  Y  I  C  Č  B  O
V  T  G  C  Z  Á  Z  V  O  R  C  F  H  D
O  K  U  R  K  A  R  A  J  Č  E  E  O  V
R  C  H  W  L  K  W  P  B  I  D  A  O  P
```

ČESNEK	ŠPENÁT
ARTYČOK	ZÁZVOR
LILEK	TUŘÍN
BROKOLICE	CIBULE
MRKEV	OLIVA
CELER	PETRŽEL
HOUBA	HRÁŠEK
DÝNĚ	ŘEDKEV
OKURKA	SALÁT
ŠALOTKA	RAJČE

81 - Famille

```
P D N N J W B E K M T X W K
W Í I X N V N R G E Z M U E
T T W T I N K N A K T A M O
H Ě C F U F S O C T K N T T
D V Ý K T E T A K S R Ž O C
Y Ě R S Y N O V E C U E T O
Í V T S T Ě D H D A W L E V
F X S I M A N Ž E L K A C S
N E T E Ř R K T Ř Y X R R K
R L V M G T G Č P T H V Z Ý
P K M T Z S B J I T M Z V M
D Ě D E Č E K E R B S W I M
M A T E Ř S K Ý S X A J Z S
D C E R A N S W I P E B M T
```

PŘEDEK
DĚTSTVÍ
DÍTĚ
DĚTI
MANŽELKA
DCERA
BRATR
BABIČKA
DĚDEČEK
MANŽEL

MATEŘSKÝ
MATKA
SYNOVEC
NETEŘ
STRÝC
OTCOVSKÝ
OTEC
SESTRA
TETA

82 - Oiseaux

```
L A B U Ť A J K O T Z U P Y
P R A C E K X Z D I K K H F
Á Á B S H K S S O R E L O H
Č D V Z U H U G B D V E L A
G M O T S U W Ř I L B C U N
P N R Y A O M O E X M I B H
V R Á N A A R U V R A B E C
Z D S N A K U T C M V U P A
V E J C E Č H I Š M O L E K
M P I N S A L X B P L O L R
T U Č Ň Á K O B B X A H I I
F C M P T U A G R R V U K R
T X W Z P K W H X C K Z Á J
N M G G K E Š U O P A P N S
```

OREL	VRABEC
PŠTROS	RACEK
KACHNA	VEJCE
ČÁP	HUSA
HOLUBICE	PÁV
VRÁNA	PAPOUŠEK
KUKAČKA	PELIKÁN
LABUŤ	HOLUB
VOLAVKA	KUŘE
TUČŇÁK	TUKAN

83 - Disciplines Scientifiques

```
S  A  B  P  S  Y  C  H  O  L  O  G  I  E
O  O  N  O  Z  O  O  L  O  G  I  E  A  J
C  H  F  A  T  M  K  D  J  M  F  F  K  E
I  W  A  R  T  A  K  M  C  H  E  M  I  E
O  Z  A  H  W  O  N  M  P  S  I  B  M  I
L  U  K  U  K  U  M  I  Y  W  G  I  A  G
O  M  J  O  V  V  U  I  K  D  O  O  N  O
G  L  J  V  E  Z  K  T  E  A  L  L  Y  L
I  G  E  O  L  O  G  I  E  N  O  O  D  O
E  I  G  O  L  O  R  U  E  N  I  G  O  K
I  M  U  N  O  L  O  G  I  E  Z  I  M  E
J  A  Z  Y  K  O  V  Ě  D  A  Y  E  R  U
B  I  O  C  H  E  M  I  E  R  F  V  E  U
A  R  C  H  E  O  L  O  G  I  E  K  T  J
```

ANATOMIE	IMUNOLOGIE
ARCHEOLOGIE	JAZYKOVĚDA
BIOCHEMIE	NEUROLOGIE
BIOLOGIE	FYZIOLOGIE
BOTANIKA	PSYCHOLOGIE
CHEMIE	SOCIOLOGIE
EKOLOGIE	TERMODYNAMIKA
GEOLOGIE	ZOOLOGIE

84 - Univers

```
N E B E S K Ý K V A M W S A
G D W T B Y I G I S M U L T
K E I X A L A G D T A T U M
G L B H F V V B I R S A N O
G H J T C J X D T O T H O S
R O V N Í K U U E N R Í V F
V K V O S N H U L O O B R É
E E R Z Ě O R T N M N O A R
S L D I M L P Á Ý I O F T A
M A T R C K M H L E M U M N
Í D I O R Á F X U O N E B E
R K E H U N H E A S S N Y M
N P P O L O K O U L E M K E
Ý F W J Z A S T E R O I D D
```

ASTEROID
ASTRONOM
ASTRONOMIE
ATMOSFÉRA
NEBESKÝ
NEBE
VESMÍRNÝ
ROVNÍK
GALAXIE
POLOKOULE

HORIZONT
NÁKLON
MĚSÍC
TMA
OBÍHAT
SOLÁRNÍ
SLUNOVRAT
DALEKOHLED
VIDITELNÝ

85 - Géographie

```
E  P  S  W  Z  K  O  N  T  I  N  E  N  T
P  O  E  A  E  Ř  O  M  M  Ě  S  T  O  I
O  L  V  O  M  T  P  J  Y  T  U  L  Y  G
S  O  E  R  Ě  P  J  I  F  Z  Á  P  A  D
V  K  R  W  K  A  O  J  A  P  S  T  R  D
Ě  O  N  F  O  F  I  L  I  V  I  W  O  U
T  U  Í  K  U  F  I  M  E  H  J  L  H  X
P  L  F  D  L  N  K  W  F  D  S  E  X  M
B  E  B  O  E  O  C  E  Á  N  N  K  I  A
A  T  L  A  S  I  Ú  N  E  X  Z  Í  W  P
Ř  Y  K  B  R  G  E  Z  V  B  E  N  K  A
E  R  T  A  S  E  H  Z  E  V  M  V  A  B
K  W  H  V  O  R  T  S  O  M  Ě  O  I  P
A  E  S  E  M  Z  X  L  C  U  Í  R  G  N
```

ATLAS	SVĚT
MAPA	HORA
KONTINENT	SEVERNÍ
ROVNÍK	OCEÁN
ŘEKA	ZÁPAD
ZEMĚKOULE	ZEMĚ
POLOKOULE	REGION
OSTROV	JIH
MOŘE	ÚZEMÍ
POLEDNÍK	MĚSTO

86 - Bâtiments

```
E  K  L  K  Z  A  O  H  D  S  T  A  N  S
Z  A  H  A  N  E  M  O  C  N  I  C  E  T
F  B  J  L  B  F  A  N  R  Á  V  O  T  O
Z  I  A  O  T  O  N  I  P  D  S  F  H  D
T  N  H  K  U  D  R  K  M  T  S  V  O  O
G  A  P  Š  P  Z  D  A  L  P  S  M  T  L
A  D  Í  L  N  A  P  O  T  V  H  K  E  A
R  K  B  R  Z  X  T  L  F  O  D  R  L  S
Á  I  M  H  Z  M  J  D  X  G  Ř  C  A  M
Ž  S  U  P  E  R  M  A  R  K  E  T  X  D
Ě  U  E  Ř  O  T  A  V  R  E  S  B  O  M
V  E  Z  Y  N  N  Ó  I  D  A  T  S  Y  N
E  T  U  R  N  Y  G  D  T  I  H  R  M  T
H  W  M  U  N  I  V  E  R  Z  I  T  A  J
```

BYT	LABORATOŘ
DÍLNA	MUZEUM
KABINA	OBSERVATOŘ
HRAD	STADIÓN
KINO	SUPERMARKET
ŠKOLA	STAN
GARÁŽ	DIVADLO
STODOLA	VĚŽ
NEMOCNICE	UNIVERZITA
HOTEL	TOVÁRNA

87 - Activités et Loisirs

```
K  K  T  B  A  S  K  E  T  B  A  L  W  N
A  E  D  U  X  U  K  F  R  R  I  V  N  A
S  Y  M  I  R  M  A  L  O  V  Á  N  Í  K
U  K  D  P  V  I  T  O  X  B  L  Z  N  U
T  Č  H  U  O  S  S  G  W  E  Í  W  Á  P
B  Í  L  E  L  V  H  T  A  L  N  I  V  O
P  N  A  E  O  N  Á  I  I  M  Á  B  O  V
W  O  B  X  B  S  P  N  E  K  V  A  F  Á
X  K  T  I  Y  B  O  X  Í  U  A  S  R  N
S  R  O  Á  R  U  M  Ě  N  Í  L  E  U  Í
G  L  F  K  P  H  Z  X  W  X  P  B  S  P
M  P  X  Y  T  Ě  J  E  L  I  G  A  O  F
N  Y  G  W  Z  Í  N  Č  A  X  A  L  E  R
T  E  N  I  S  A  R  Í  F  Z  B  L  H  C
```

NAKUPOVÁNÍ   KONÍČKY
UMĚNÍ   MALOVÁNÍ
BASEBALL   RYBOLOV
BASKETBAL   POTÁPĚNÍ
BOX   TURISTIKA
KEMPOVÁNÍ   RELAXAČNÍ
FOTBAL   SURFOVÁNÍ
GOLF   TENIS
PLAVÁNÍ

88 - Livres

```
Č Y T H Ň E S Á B Y A E V D
N T J Y I D R T O C H D T C
P Y E V H S S H R B Z S I P
Ř T I N G O T N Í Á A F P J
Í S Z Á Á M N O N P N J N W
B H E M D Ř X T R R P K Ý K
Ě X O O I D I H Á I S D A A
H E P R A R W N R I C Z T U
K O N T E X T F E K R K Y T
V Y P R A V Ě Č T G B E Ý O
D U A L I T A F I M P P S R
D Í N T N A V E L E R O B L
Ř A D A F S B Í R K A S L Y
V Y N A L É Z A V Ý E N N N
```

AUTOR	ČTENÁŘ
SBÍRKA	LITERÁRNÍ
KONTEXT	VYPRAVĚČ
DUALITA	STRÁNKA
EPOS	RELEVANTNÍ
PŘÍBĚH	BÁSEŇ
HISTORICKÝ	POEZIE
VTIPNÝ	ROMÁN
VYNALÉZAVÝ	ŘADA

89 - Pays #2

```
M D M M P D G R L Z W Z U J
P X E Y E E Á Z B K L E G A
S Ý R I E X X N Á D Ú S A P
R U S K O B I T S L K K N O
D E F K M A V K Y K W I D N
P Á K I S T Á N O K O N A S
Č Í N A C I E O C E K D I K
T L K G U X F C G Ň S O R O
L I B A N O N S O A L N S K
H T U K R A J I N A Á É K B
X I A L B Á N I E S M S O W
B A K J A M A J B D O I E J
H H F R A N C I E P S E J X
S P D H B Z C N D W I S Y M
```

ALBÁNIE	LAOS
ČÍNA	LIBANON
DÁNSKO	MEXIKO
FRANCIE	UGANDA
HAITI	PÁKISTÁN
INDONÉSIE	RUSKO
IRSKO	SOMÁLSKO
JAMAJKA	SÚDÁN
JAPONSKO	SÝRIE
KEŇA	UKRAJINA

90 - Fournitures d'Art

```
T  V  O  Ř  I  V  O  S  T  H  L  K  X  B
N  E  S  J  X  V  P  I  N  O  E  A  S  R
G  U  M  A  T  H  B  U  O  P  P  R  T  G
T  Z  S  P  D  E  W  Z  K  J  I  T  Ů  R
Á  P  I  N  M  Y  K  Ž  U  T  D  Á  L  O
R  L  H  X  S  J  B  I  M  L  L  Č  N  I
A  P  A  P  Í  R  K  D  J  S  O  E  B  N
P  K  K  T  H  U  Y  L  E  T  S  A  P  K
A  A  V  N  X  O  V  E  L  S  W  D  L  O
O  P  K  A  H  W  R  L  O  T  T  O  G  U
T  O  F  R  R  G  A  M  W  O  I  V  D  S
O  I  W  J  Y  E  B  F  L  J  E  S  W  T
F  X  H  U  O  L  L  Í  J  A  H  W  I  B
F  N  Á  P  A  D  Y  Y  E  N  K  P  G  V
```

AKRYL	TVOŘIVOST
AKVARELY	VODA
JÍL	INKOUST
KARTÁČE	GUMA
FOTOAPARÁT	OLEJ
ŽIDLE	NÁPADY
STOJAN	PAPÍR
LEPIDLO	PASTELY
BARVY	STŮL
TUŽKY	

91 - Eau

```
M W X D É Š Ť U Ř P V V V S
O R E Z E J E D E I G Y S P
B L Á N D T B Ý K T Y P N R
N A N Z Z Z M K A N S A Í C
E J N Z M Z I H N Ý E Ř H H
H U R I K Á N L E D D O O A
E H C Í V N J V L N Y V C P
I J R Z Z L K A N Á L Á E O
P G K I N J H T M I P N Á V
M O N Z U N E K T X Á Í N O
Z D D A C Z X G O U R L X D
K Z E P B L R K V S A Y F E
C P A W Y I Z W B W T C K Ň
S Z A V L A Ž O V Á N Í L A
```

KANÁL   ZAVLAŽOVÁNÍ
SPRCHA   JEZERO
VYPAŘOVÁNÍ   MONZUN
ŘEKA   SNÍH
MRÁZ   OCEÁN
GEJZÍR   HURIKÁN
LED   DÉŠŤ
VLHKÝ   PITNÝ
VLHKOST   VLNY
POVODEŇ   PÁRA

92 - Jazz

```
O  B  L  Í  B  E  N  É  X  Y  B  S  E  B
Z  H  E  S  S  A  L  B  B  Ý  Ň  K  C  N
B  U  Z  S  A  A  X  X  T  N  E  L  A  T
O  D  G  N  O  V  Ý  Y  P  V  S  A  Z  S
F  B  R  E  K  J  O  W  E  A  Í  D  I  L
A  A  Z  K  K  K  J  Y  T  L  P  A  V  O
O  L  Ó  S  R  Y  T  M  U  S  C  T  O  Ž
U  R  B  A  K  I  N  H  C  E  T  E  R  E
U  N  C  U  R  O  J  R  Y  L  K  L  P  N
W  Á  R  H  M  E  N  J  E  W  B  P  M  Í
T  Ž  A  O  E  Z  M  C  W  R  I  H  I  H
S  T  Y  L  C  S  N  X  E  P  C  C  B  B
U  M  Ě  L  E  C  T  S  X  R  Í  N  I  Y
R  D  S  T  A  R  Ý  R  F  O  T  F  V  K
```

ALBUM	HUDBA
UMĚLEC	NOVÝ
SLAVNÝ	ORCHESTR
PÍSEŇ	RYTMUS
SKLADATEL	SÓLO
SLOŽENÍ	STYL
KONCERT	TALENT
OBLÍBENÉ	BICÍ
ŽÁNR	TECHNIKA
IMPROVIZACE	STARÝ

93 - Paysages

```
O A T C Y R Z D J P O J L G
S H T T S O W Y D O S E E E
N G E X U O S W H U T S D J
O P Y M G N V V W Š R K O Z
C L H O P U D O B Ť O Y V Í
E Á U Á T R O R E A V N E R
Á Ž E Z W B T T A F Ž Ě C K
N E F A K P O S Ú W R I P B
W Ř M W M Y S O S Ú W Y N I
V O D O P Á D O T F D W I A
G M C A R O H L Í J U O O P
Z E Y K C E P O K E C I L G
J E Z E R O Y P J S N K Z Í
I X E Ř V D Z K E P I J E O
```

VODOPÁD	BAŽINA
KOPEC	MOŘE
POUŠŤ	HORA
ÚSTÍ	OÁZA
ŘEKA	OCEÁN
GEJZÍR	POLOOSTROV
JESKYNĚ	PLÁŽ
LEDOVEC	TUNDRA
OSTROV	ÚDOLÍ
JEZERO	SOPKA

94 - Pays #1

```
V E N E Z U E L A I G H B V
D H W K M I G M D A V Z O O
N I K A R A G U A D A N A K
J I F I L I P Í N Y O S A S
I J N Š P A N Ě L S K O F L
Z R O D Á V K E A B S K G O
W N N L I I G T R R N O H P
A H M O T E B W G A U R Á F
M A L I R D L X E Z M A N I
A N P R V S N O N Í U M I N
N A U M Z M K U T L R H S S
A I Z R A E L O I I R S T K
P N Ě M E C K O N E H U Á O
L I B Y E S P I A Z M Z N Y
```

AFGHÁNISTÁN
NĚMECKO
ARGENTINA
BRAZÍLIE
KANADA
ŠPANĚLSKO
EKVÁDOR
FINSKO
INDIE
IZRAEL

LIBYE
MALI
MAROKO
NIKARAGUA
NORSKO
PANAMA
FILIPÍNY
POLSKO
RUMUNSKO
VENEZUELA

95 - Nombres

```
O  S  M  C  R  T  O  N  T  Ě  V  E  D  Č
Z  W  Z  Z  L  R  U  S  E  Ř  J  E  U  T
T  V  X  E  E  E  Z  K  M  K  I  D  M  R
Ý  N  N  I  T  E  S  E  D  N  X  N  S  N
S  Č  T  Y  Ř  I  K  C  E  X  Á  M  S  Á
E  T  C  Á  N  I  Ř  T  V  C  J  C  B  C
D  E  Á  S  B  N  Y  E  A  D  M  L  T  T
M  C  N  E  J  Y  A  S  T  H  V  X  Ě  C
N  A  A  D  I  E  K  E  E  M  X  A  P  Á
Á  V  V  M  J  R  W  D  N  J  O  L  K  N
C  D  D  H  S  K  P  E  Á  S  F  U  J  T
T  C  Á  N  T  A  P  W  C  N  H  N  X  S
S  C  Y  B  X  Z  F  L  T  S  E  Š  A  E
K  P  J  V  R  J  Y  T  J  S  Z  L  Y  Š
```

PĚT	ČTRNÁCT
DVA	ČTYŘI
DESETINNÝ	PATNÁCT
DESET	ŠESTNÁCT
OSMNÁCT	SEDM
DEVATENÁCT	ŠEST
SEDMNÁCT	TŘINÁCT
DVANÁCT	TŘI
OSM	DVACET
DEVĚT	NULA

96 - Psychologie

```
K G P P O D V Ě D O M Ý A N
L T S O N B O S O E X D U E
I A R B C I O P X I M W W V
N K S P F I W X N P E C Í Ě
I E O Í I W T Y D A P Á N D
C G P N F K T U Z R R M Á O
K O O Á F W C C Í E O Y V M
Ý R S M W L X A V T B Š O Ý
O E O Í P M I A T S L L H D
R A U N E I B K S N É E C M
I L Z V I M H S T Y M N J K
W I E L N K O B Ě S J K U G
W T N O J S N C D D N Y P A
X A Í I T S O N E Š U K Z I
```

KLINICKÝ

CHOVÁNÍ

KONFLIKT

EGO

DĚTSTVÍ

ZKUŠENOSTI

EMOCE

POSOUZENÍ

NÁPADY

NEVĚDOMÝ

MYŠLENKY

VNÍMÁNÍ

OSOBNOST

PROBLÉM

REALITA

SNY

POCIT

PODVĚDOMÝ

TERAPIE

97 - Nature

```
E D P K D T V O H P I S Ú V
O G J X W Y Ý H O O V E T I
Y E F N N Z N B R U F Y O T
K Z I X U Y D A Y Š U H Č Á
A O D Ě P L I H M Ť U J I L
R R Ý N S E L L Z I J R Š N
M E K Y E Č K M X Z C A T Í
N V O T Z V Í Ř A T A K Ě X
S W V A I Y G L N S G E Ý U
H J I V U C P C Y J Á Ř Z F
V R D S Y Ý K C I P O R T S
L E D O V E C Ý Z A T A K E
V M X P V L I S T A V U I X
W M S R F G K L A L V E B C
```

VČELY   ŘEKA
ÚTOČIŠTĚ   LES
ZVÍŘATA   LEDOVEC
ARKTICKÝ   HORY
KRÁSA   MRAKY
MLHA   SVATYNĚ
POUŠŤ   DIVOKÝ
DYNAMICKÝ   KLIDNÝ
EROZE   TROPICKÝ
LIST   VITÁLNÍ

98 - Chimie

```
U R A H O U G T A O L R I B
H L L F M Y Z N E U H L O P
L V K Y V O K I Y J R M N K
Í J A T V A T O L P E T T X
K A L Y B T A N I L A P A K
I D I D U O S Y O Ů B W N M
E E C J D M H L U S K C I O
V R K Í D O V P D B T L L L
O N É H J V K Y S L Í K E E
W Ý F N N Ý A B P T I M S K
H H V N O R T K E L E S Y U
K A T A L Y Z Á T O R P K L
C H L Ó R D N Z G A P U L A
R Z Y L O L P E C R B G M O
```

KYSELINA	VODÍK
ALKALICKÉ	IONT
ATOMOVÝ	KAPALINA
UHLÍK	KOVY
KATALYZÁTOR	MOLEKULA
TEPLO	JADERNÝ
CHLÓR	KYSLÍK
ENZYM	HMOTNOST
ELEKTRON	SŮL
PLYN	TEPLOTA

99 - Bateaux

```
J  Z  D  I  M  B  Z  M  J  E  H  S  O  P
E  Ř  O  M  V  A  T  H  C  A  J  K  B  L
Z  L  U  N  N  G  R  Ř  E  K  A  J  Z  A
E  A  L  V  A  D  A  V  T  O  K  R  V  C
R  G  W  B  D  L  J  S  T  O  Ž  Á  R  H
O  K  A  J  A  K  E  J  Ó  B  V  C  P  E
P  Á  U  P  B  F  K  D  J  Z  U  O  L  T
Ř  N  P  B  Z  C  T  M  G  I  Í  G  R  N
Í  O  P  O  Z  N  Á  M  O  Ř  N  Í  K  I
L  E  R  E  S  K  P  Z  M  X  Ř  C  V  C
I  C  N  G  N  Á  E  C  O  B  O  V  F  E
V  M  O  T  O  R  D  F  K  R  M  L  U  W
B  A  C  V  K  E  N  K  U  B  Á  N  S  Y
A  A  H  F  O  P  E  L  A  B  N  Y  N  X
```

KOTVA	NÁMOŘNÍK
BÓJE	STOŽÁR
KÁNOE	MOŘE
LANO	MOTOR
POSÁDKA	NÁMOŘNÍ
TRAJEKT	OCEÁN
ŘEKA	VOR
KAJAK	VLNY
JEZERO	PLACHETNICE
PŘÍLIV	JACHTA

100 - Mesures

```
U  P  D  M  C  D  Ý  D  É  L  K  A  K  L
M  A  D  H  K  E  N  L  X  Z  O  F  I  J
G  L  J  J  M  C  N  A  K  Ř  Í  Š  L  I
X  E  S  P  Z  N  I  T  Y  B  E  T  O  D
B  C  R  T  G  U  T  U  I  O  H  S  M  H
F  I  C  N  U  Y  E  N  E  M  A  O  E  U
L  I  T  R  T  P  S  I  C  E  E  N  T  D
X  X  M  Y  T  Z  E  M  A  J  P  T  R  U
F  H  O  L  Ó  G  D  Ň  A  B  H  O  R  I
B  A  J  T  N  P  R  C  T  O  M  M  T  E
V  T  M  A  S  U  P  A  L  M  Y  H  E  M
O  N  G  D  W  H  Z  X  M  I  F  N  M  Y
K  I  L  O  G  R  A  M  C  U  A  Y  B  L
D  P  S  H  L  O  U  B  K  A  K  Š  Ý  V
```

CENTIMETR	METR
STUPEŇ	MINUTA
DESETINNÝ	BAJT
GRAM	UNCE
VÝŠKA	PINTA
KILOGRAM	HMOTNOST
KILOMETR	PALEC
ŠÍŘKA	HLOUBKA
LITR	TÓN
DÉLKA	OBJEM

1 - Adjectifs #2

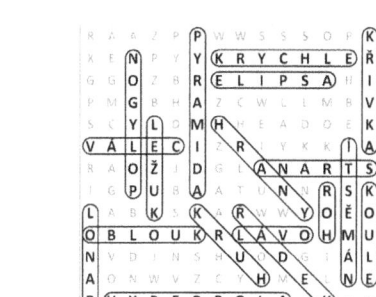

2 - Formes

3 - Force et Gravité

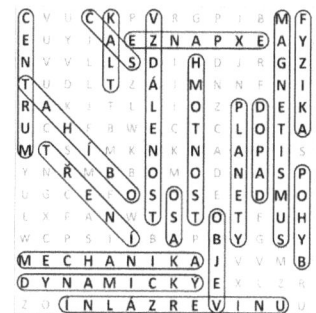

4 - Adjectifs #1

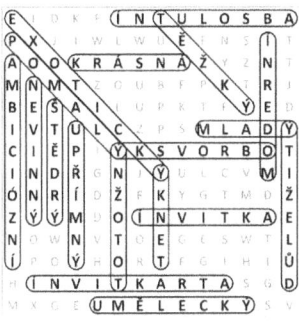

5 - Instruments de Musique

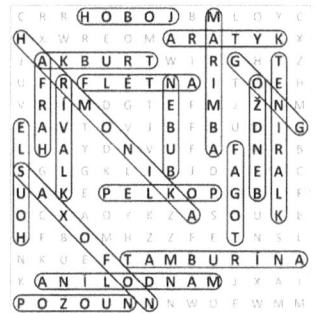

6 - Herboristerie

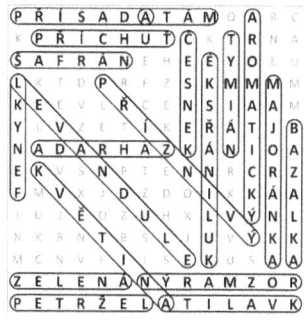

7 - Photographie

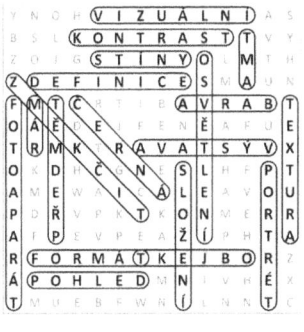

8 - Véhicules

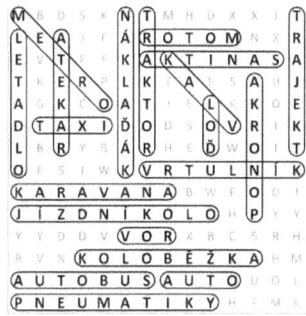

9 - Camping

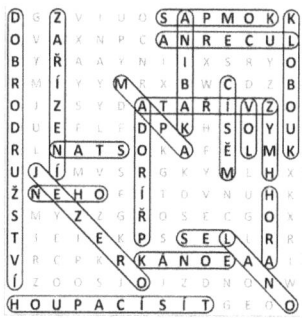

10 - Écologie

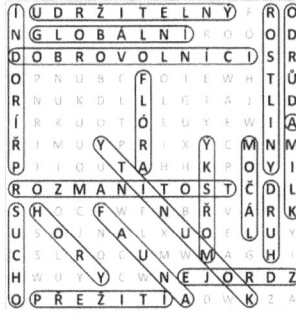

11 - Géométrie

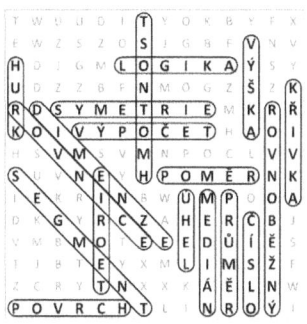

12 - Les Médias

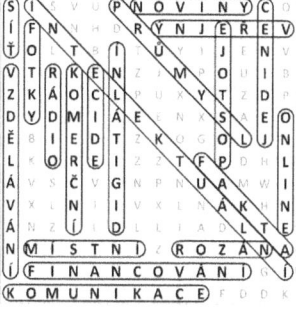

13 - Philanthropie

14 - Diplomatie

15 - Astronomie

16 - Physique

17 - Types de Cheveux

18 - Archéologie

19 - Mammifères

20 - Chocolat

21 - Mathématiques

22 - Mythologie

23 - Restaurant #2

24 - Beauté

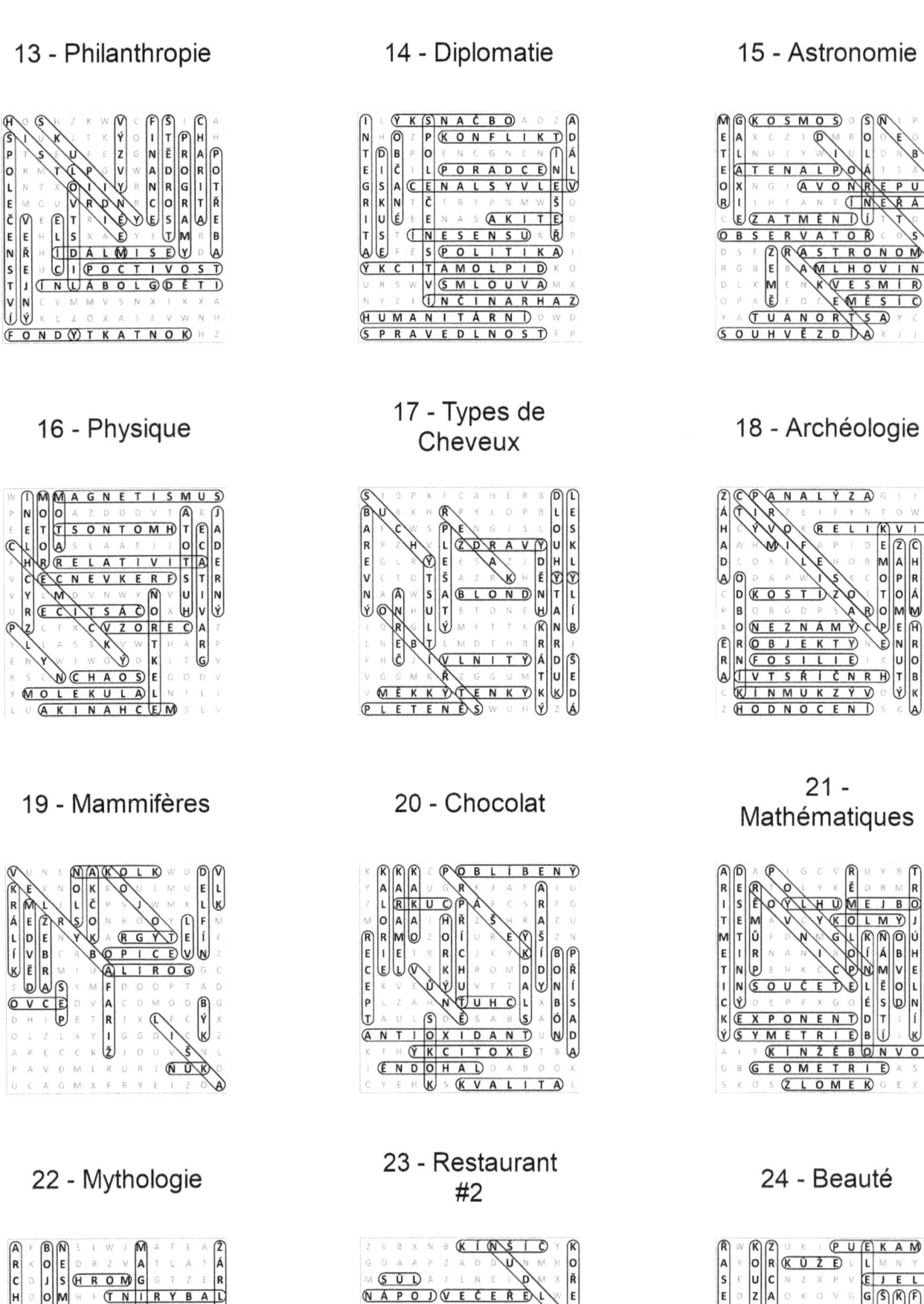

25 - Avions

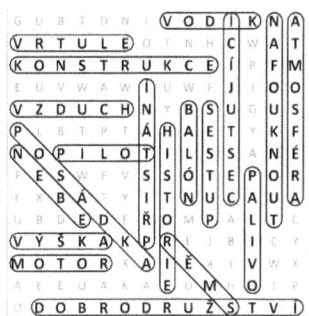

26 - Aventure

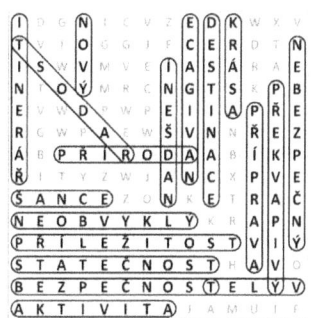

27 - Ville

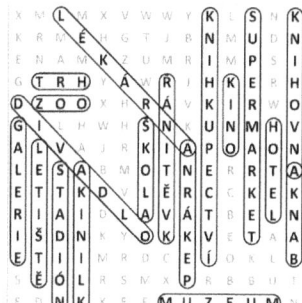

28 - Ingénierie

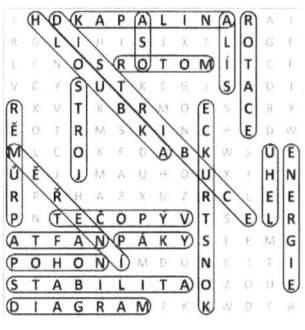

29 - Énergie

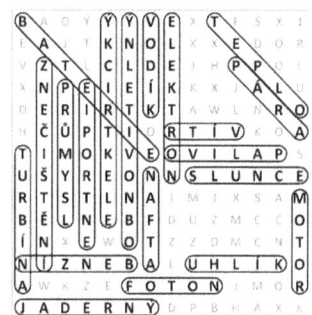

30 - Corps Humain

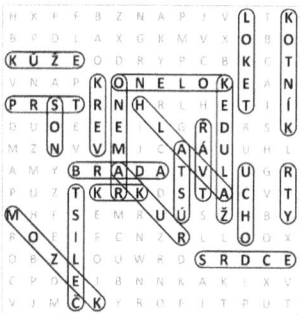

31 - Épices

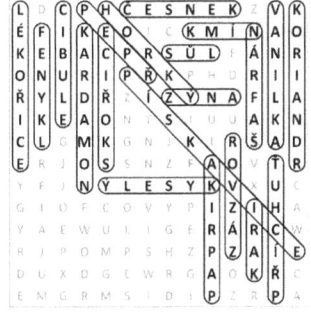

32 - Science

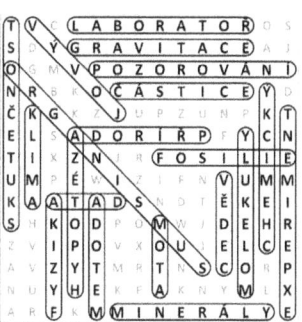

33 - Vêtements

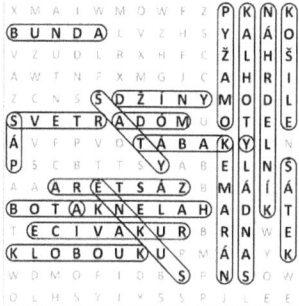

34 - Arts Visuels

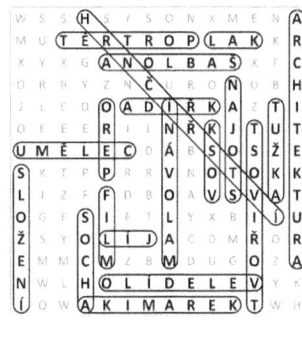

35 - Méditation

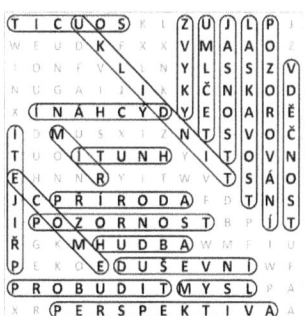

36 - Littérature

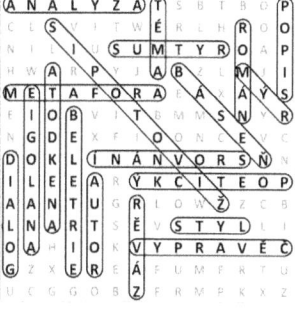

37 - Nourriture #1

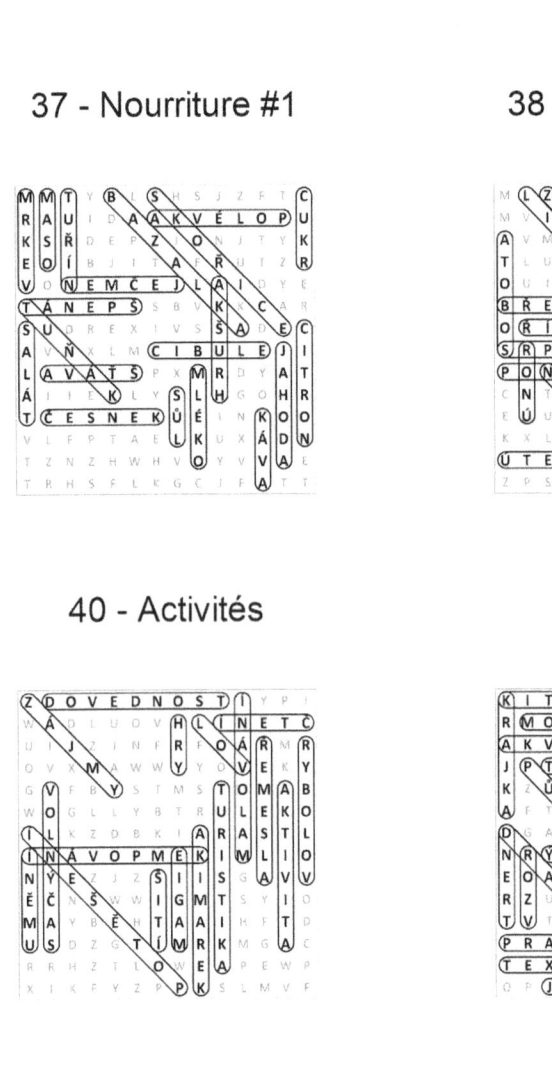

38 - Jours et Mois

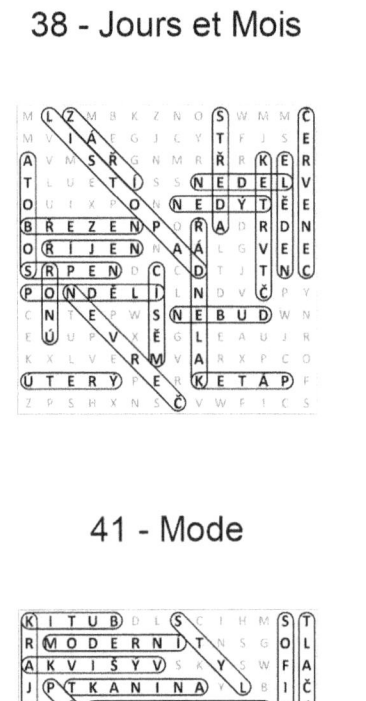

39 - Entreprise

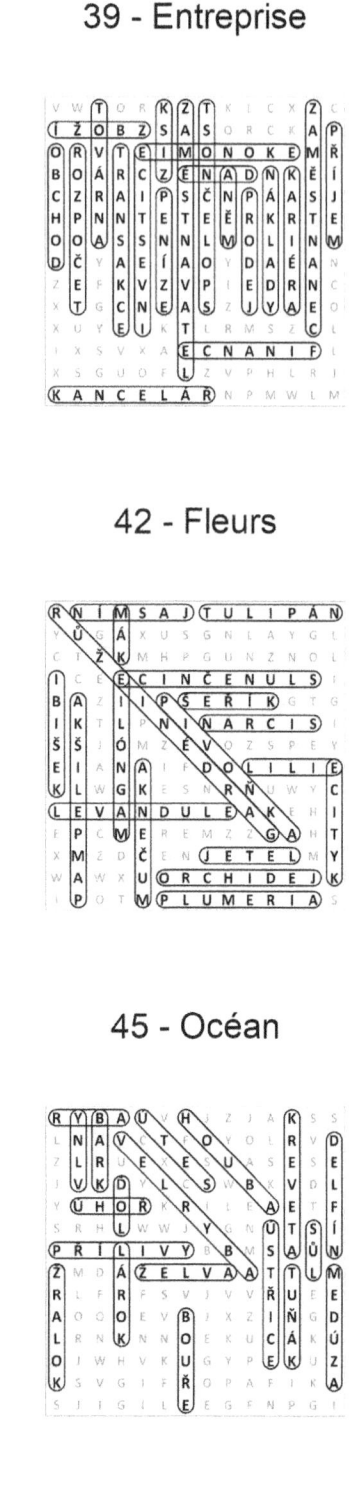

40 - Activités

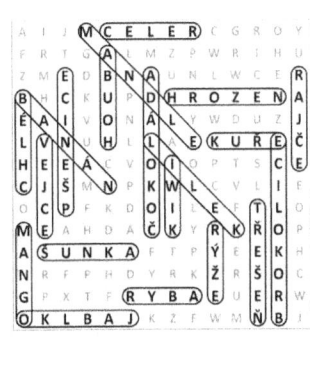

41 - Mode

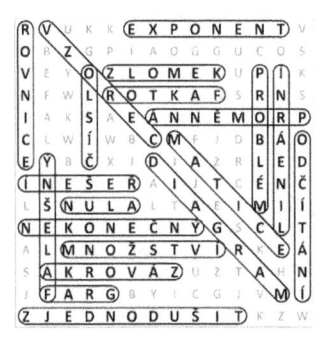

42 - Fleurs

43 - Nourriture #2

44 - Algèbre

45 - Océan

46 - Remplir

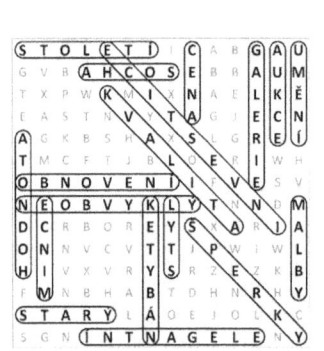

47 - Antiquités

48 - Boxe

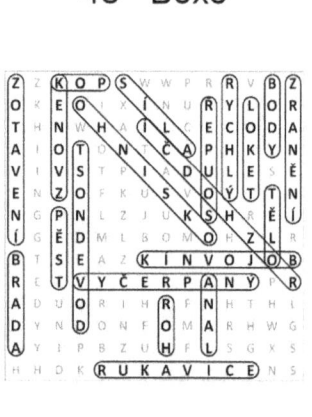

49 - Ballet

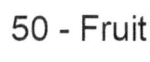
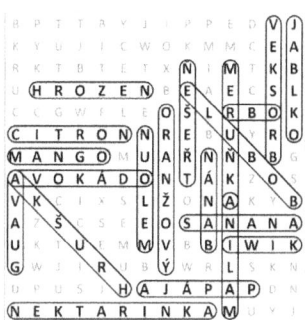

50 - Fruit

51 - Musique

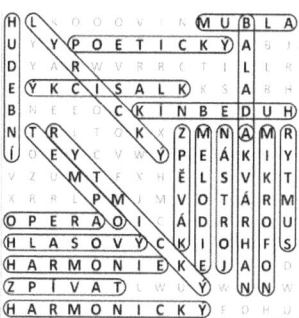

52 - L'Entreprise

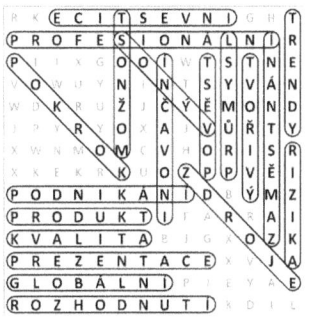

53 - Gouvernement

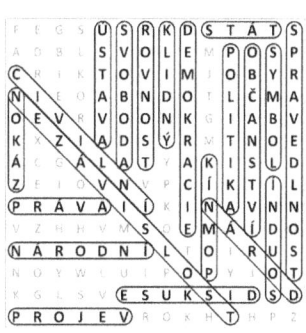

54 - Randonnée

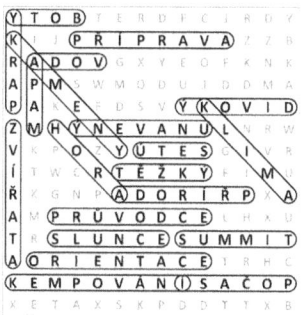

55 - Art

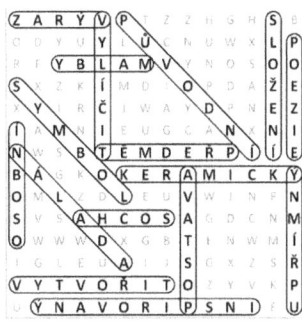

56 - Nutrition

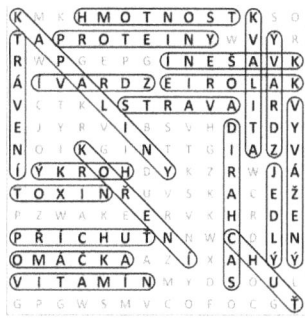

57 - Créativité

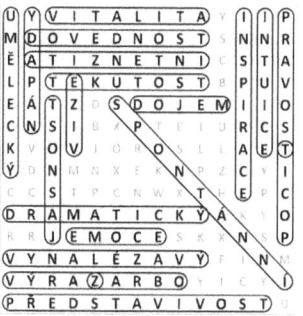

58 - Science Fiction

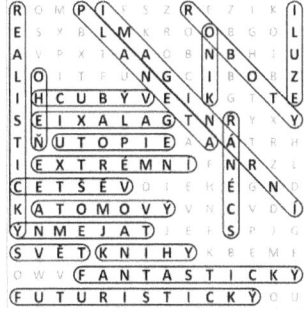

59 - Professions #1

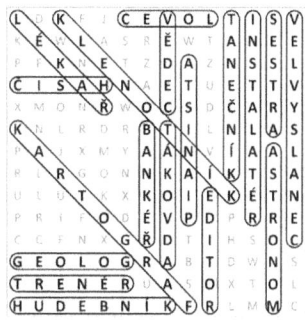

60 - Géologie

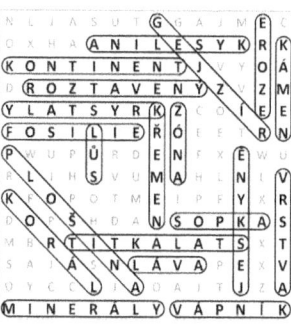

61 - Cirque

62 - Jardin

63 - Santé et Bien Être #1

64 - Barbecues

65 - Animaux de Compagnie

66 - Forêt Tropicale

67 - Ferme #1

68 - Café

69 - Antarctique

70 - Professions #2

71 - Les Abeilles

72 - Santé et Bien Être #2

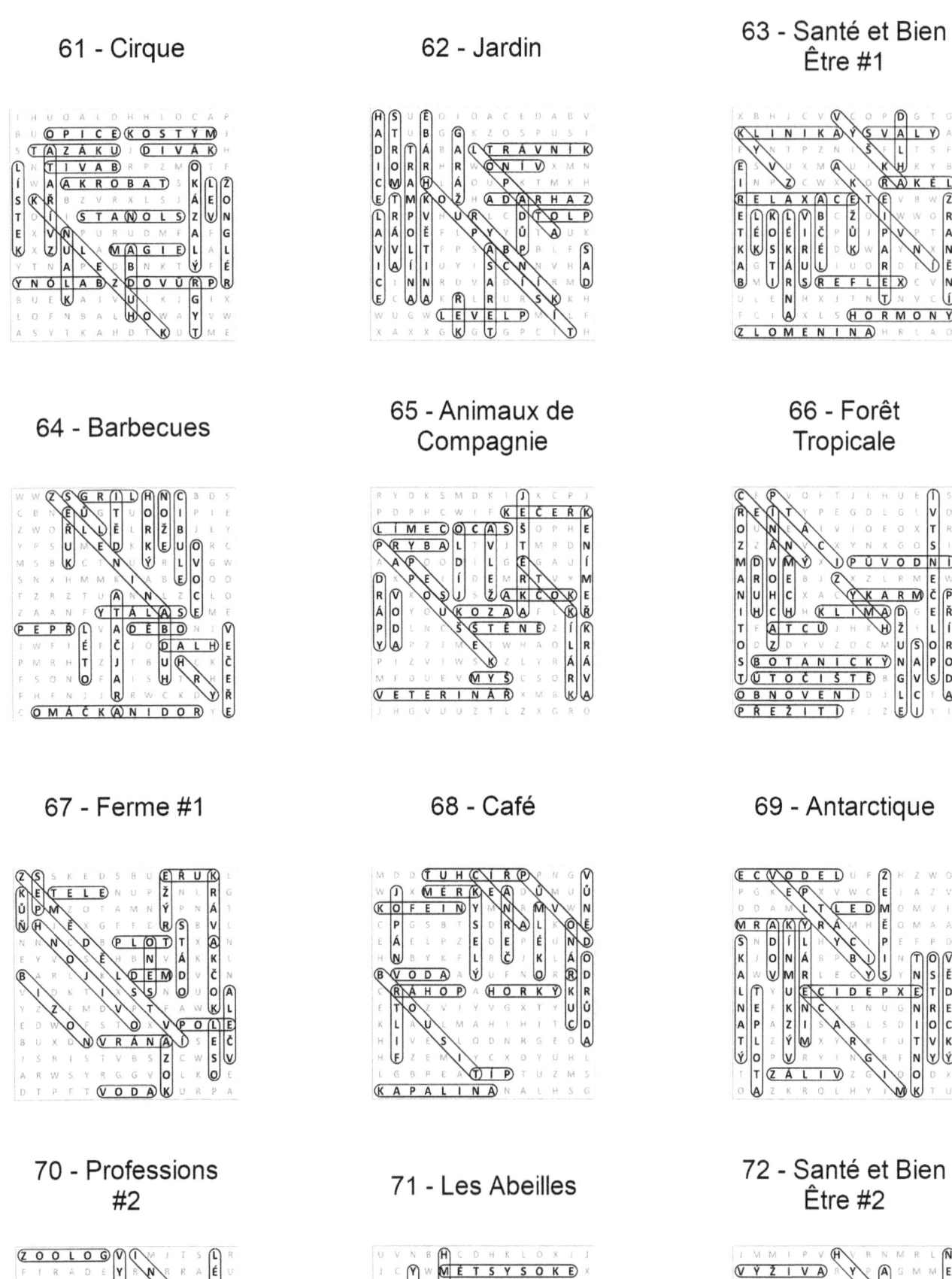

73 - Conduite

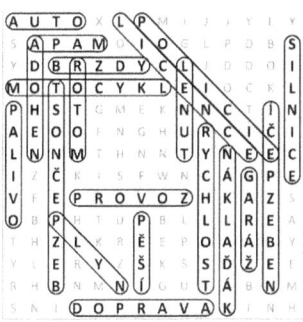

74 - Plantes

75 - Ferme #2

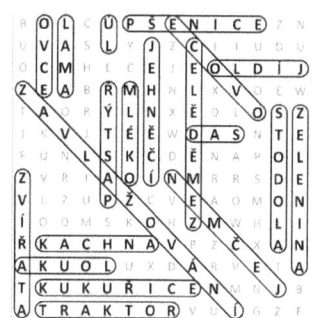

76 - Vacances #2

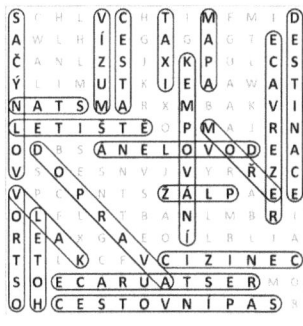

77 - Éthique

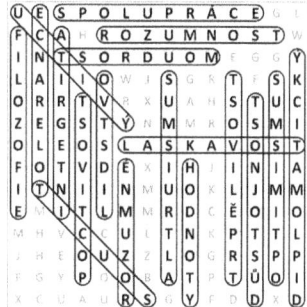

78 - Temps

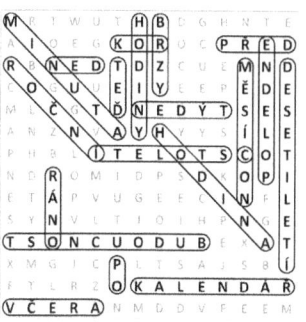

79 - Maison

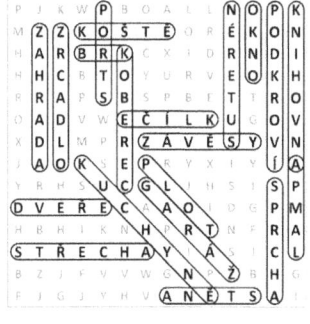

80 - Légumes

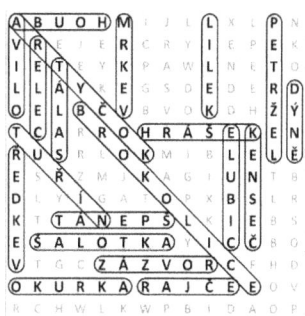

81 - Famille

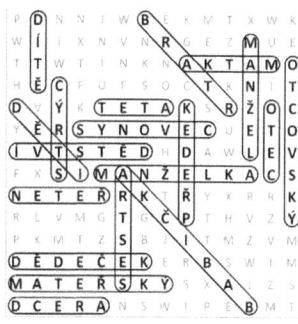

82 - Oiseaux

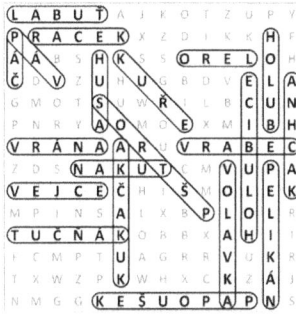

83 - Disciplines Scientifiques

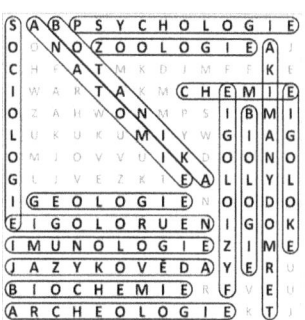

84 - Univers

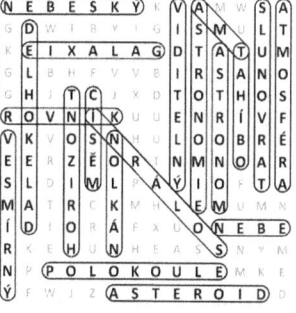

85 - Géographie

86 - Bâtiments

87 - Activités et Loisirs

88 - Livres

89 - Pays #2

90 - Fournitures d'Art

91 - Eau

92 - Jazz

93 - Paysages

94 - Pays #1

95 - Nombres

96 - Psychologie

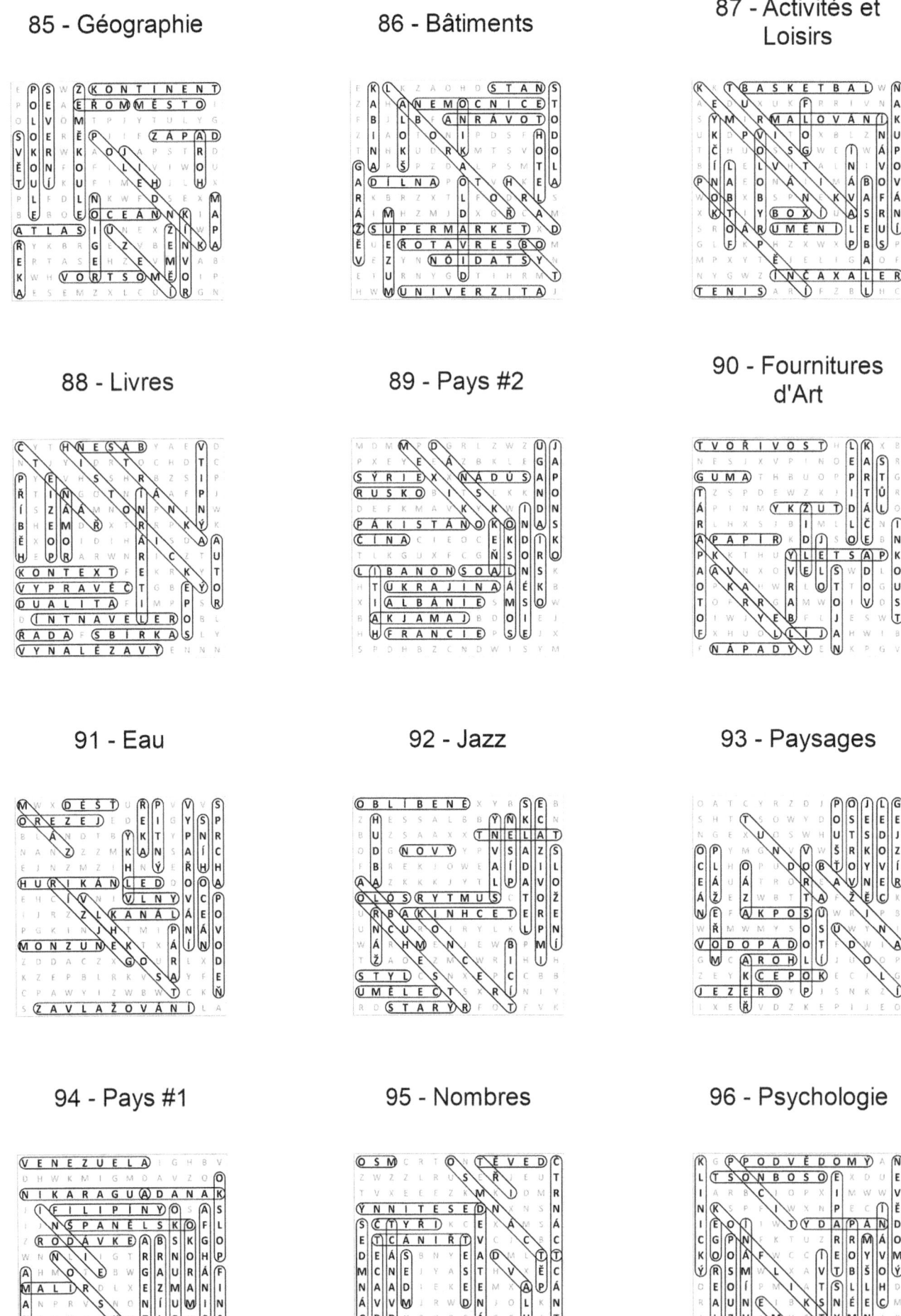

97 - Nature

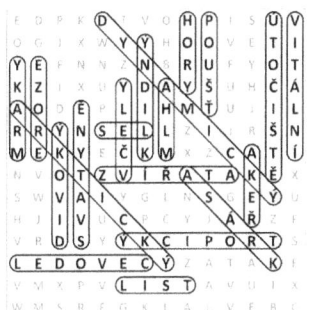

98 - Chimie

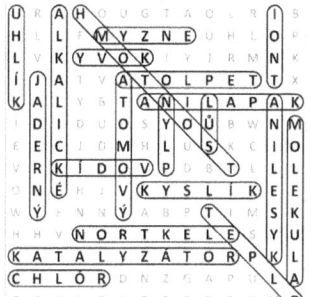

99 - Bateaux

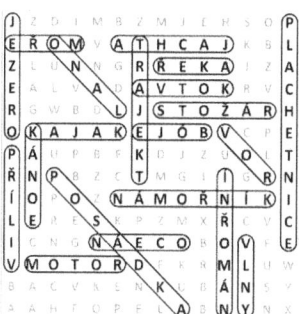

100 - Mesures

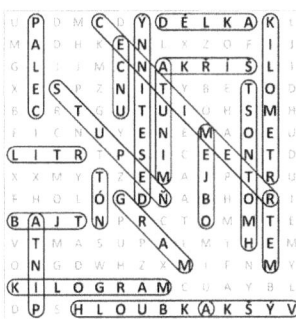

Dictionnaire

Activités
Aktivity

Activité	Aktivita
Art	Umění
Artisanat	Řemesla
Camping	Kempování
Céramique	Keramika
Chasse	Lov
Compétence	Dovednost
Couture	Šití
Intérêts	Zájmy
Jardinage	Zahradničení
Jeux	Hry
Lecture	Čtení
Loisir	Volný Čas
Magie	Magie
Peinture	Malování
Pêche	Rybolov
Photographie	Fotografování
Plaisir	Potěšení
Randonnée	Turistika
Relaxation	Relaxace

Activités et Loisirs
Aktivity a Volný Čas

Achats	Nakupování
Art	Umění
Base-Ball	Baseball
Basket-Ball	Basketbal
Boxe	Box
Camping	Kempování
Football	Fotbal
Golf	Golf
Jardinage	Zahradničení
Nager	Plavání
Passe-Temps	Koníčky
Peinture	Malování
Pêche	Rybolov
Plongée	Potápění
Randonnée	Turistika
Relaxant	Relaxační
Surf	Surfování
Tennis	Tenis
Volley-Ball	Volejbal
Voyage	Cestovat

Adjectifs #1
Přídavná Jména #1

Absolu	Absolutní
Actif	Aktivní
Ambitieux	Ambiciózní
Aromatique	Aromatický
Artistique	Umělecký
Attractif	Atraktivní
Beau	Krásná
Exotique	Exotický
Énorme	Obrovský
Généreux	Štědrý
Honnête	Upřímný
Identique	Totožný
Important	Důležitý
Innocent	Nevinný
Jeune	Mladý
Lent	Pomalý
Lourd	Těžký
Mince	Tenký
Moderne	Moderní
Parfait	Perfektní

Adjectifs #2
Přídavná Jména #2

Authentique	Autentický
Célèbre	Slavný
Créatif	Tvořivý
Descriptif	Popisný
Doué	Nadaný
Dramatique	Dramatický
Élégant	Elegantní
Fier	Hrdý
Fort	Silný
Intéressant	Zajímavý
Naturel	Přírodní
Nouveau	Nový
Productif	Výrobní
Pur	Čistý
Responsable	Odpovědný
Sain	Zdravý
Salé	Slaný
Sauvage	Divoký
Sec	Suchý
Somnolent	Ospalý

Algèbre
Algebry

Diagramme	Diagram
Exposant	Exponent
Équation	Rovnice
Facteur	Faktor
Faux	Falešný
Formule	Vzorec
Fraction	Zlomek
Graphique	Graf
Infini	Nekonečný
Linéaire	Lineární
Matrice	Matice
Nombre	Číslo
Parenthèse	Závorka
Problème	Problém
Quantité	Množství
Simplifier	Zjednodušit
Solution	Řešení
Soustraction	Odčítání
Variable	Proměnná
Zéro	Nula

Animaux de Compagnie
Domácí Mazlíčci

Chat	Kočka
Chaton	Kotě
Chèvre	Koza
Chien	Pes
Chiot	Štěně
Collier	Límec
Eau	Voda
Griffes	Drápy
Hamster	Křeček
Laisse	Řemínek
Lapin	Králík
Lézard	Ještěrka
Nourriture	Jídlo
Perroquet	Papoušek
Poisson	Ryba
Queue	Ocas
Souris	Myš
Tortue	Želva
Vache	Kráva
Vétérinaire	Veterinář

Antarctique
Antarktida

Baie	Záliv
Baleines	Velryby
Chercheur	Výzkumník
Conservation	Zachování
Continent	Kontinent
Eau	Voda
Expédition	Expedice
Géographie	Zeměpis
Glace	Led
Glaciers	Ledovce
Îles	Ostrovy
Migration	Migrace
Minéraux	Minerály
Nuage	Mraky
Oiseaux	Ptáci
Péninsule	Poloostrov
Rocheux	Skalnatý
Scientifique	Vědecký
Température	Teplota
Topographie	Topografie

Antiquités
Starožitnosti

Art	Umění
Authentique	Autentický
Bijoux	Šperky
Décoratif	Dekorativní
Enchères	Aukce
Élégant	Elegantní
Galerie	Galerie
Inhabituel	Neobvyklý
Investissement	Investice
Meubles	Nábytek
Peintures	Malby
Pièces	Mince
Prix	Cena
Qualité	Kvalita
Restauration	Obnovení
Sculpture	Socha
Siècle	Století
Style	Styl
Valeur	Hodnota
Vieux	Starý

Archéologie
Archeologie

Analyse	Analýza
Antiquité	Starověk
Chercheur	Výzkumník
Civilisation	Civilizace
Descendant	Potomek
Expert	Odborník
Ère	Éra
Équipe	Tým
Évaluation	Hodnocení
Fossile	Fosilie
Inconnu	Neznámý
Mystère	Záhada
Objets	Objekty
Os	Kosti
Oublié	Zapomenutý
Poterie	Hrnčířství
Professeur	Profesor
Relique	Relikvie
Temple	Chrám
Tombe	Hrobka

Art
Umění

Céramique	Keramický
Complexe	Komplex
Composition	Složení
Créer	Vytvořit
Dépeindre	Vylíčit
Expression	Výraz
Figure	Postava
Honnête	Upřímný
Humeur	Nálada
Inspiré	Inspirovaný
Original	Původní
Peintures	Malby
Personnel	Osobní
Poésie	Poezie
Sculpture	Socha
Simple	Jednoduchý
Sujet	Předmět
Surréalisme	Surrealismus
Symbole	Symbol
Visuel	Vizuální

Arts Visuels
Výtvarné Umění

Architecture	Architektura
Argile	Jíl
Artiste	Umělec
Céramique	Keramika
Chef-D'Œuvre	Veledílo
Chevalet	Stojan
Cire	Vosk
Composition	Složení
Craie	Křída
Crayon	Tužka
Créativité	Tvořivost
Film	Film
Peinture	Malování
Perspective	Perspektiva
Pochoir	Šablona
Portrait	Portrét
Poterie	Hrnčířství
Sculpture	Socha
Stylo	Pero
Vernis	Lak

Astronomie
Astronomie

Astéroïde	Asteroid
Astronaute	Astronaut
Astronome	Astronom
Ciel	Nebe
Constellation	Souhvězdí
Cosmos	Kosmos
Éclipse	Zatmění
Équinoxe	Rovnodennost
Fusée	Raketa
Galaxie	Galaxie
Lune	Měsíc
Météore	Meteor
Nébuleuse	Mlhovina
Observatoire	Observatoř
Planète	Planeta
Radiation	Záření
Solaire	Solární
Supernova	Supernova
Terre	Země
Univers	Vesmír

Aventure
Dobrodružství

Activité	Aktivita
Beauté	Krása
Bravoure	Statečnost
Chance	Šance
Dangereux	Nebezpečný
Destination	Destinace
Difficulté	Obtížnost
Enthousiasme	Nadšení
Excursion	Výlet
Inhabituel	Neobvyklý
Itinéraire	Itinerář
Joie	Radost
Nature	Příroda
Navigation	Navigace
Nouveau	Nový
Opportunité	Příležitost
Préparation	Příprava
Sécurité	Bezpečnost
Surprenant	Překvapivý
Voyages	Cestuje

Avions
Letadla

Air	Vzduch
Atmosphère	Atmosféra
Atterrissage	Přistání
Aventure	Dobrodružství
Ballon	Balón
Carburant	Palivo
Ciel	Nebe
Construction	Konstrukce
Descente	Sestup
Direction	Směr
Équipage	Posádka
Gonfler	Nafouknout
Hauteur	Výška
Hélices	Vrtule
Histoire	Historie
Hydrogène	Vodík
Moteur	Motor
Passager	Cestující
Pilote	Pilot
Turbulence	Turbulence

Ballet
Baletu

Applaudissement	Potlesk
Artistique	Umělecký
Ballerine	Balerína
Chorégraphie	Choreografie
Compétence	Dovednost
Compositeur	Skladatel
Danseurs	Tanečníci
Expressif	Expresivní
Geste	Gesto
Gracieux	Elegantní
Intensité	Intenzita
Muscles	Svaly
Musique	Hudba
Orchestre	Orchestr
Public	Publikum
Répétition	Zkouška
Rythme	Rytmus
Solo	Sólo
Style	Styl
Technique	Technika

Barbecues
Grilování

Chaud	Horký
Couteaux	Nože
Déjeuner	Oběd
Dîner	Večeře
Enfants	Děti
Été	Léto
Faim	Hlad
Famille	Rodina
Fruit	Ovoce
Gril	Gril
Jeux	Hry
Légumes	Zelenina
Musique	Hudba
Oignons	Cibule
Poivre	Pepř
Poulet	Kuře
Salades	Saláty
Sauce	Omáčka
Sel	Sůl
Tomates	Rajčata

Bateaux
Lodě

Ancre	Kotva
Bouée	Bóje
Canoë	Kánoe
Corde	Lano
Équipage	Posádka
Ferry	Trajekt
Fleuve	Řeka
Kayak	Kajak
Lac	Jezero
Marée	Příliv
Marin	Námořník
Mât	Stožár
Mer	Moře
Moteur	Motor
Nautique	Námořní
Océan	Oceán
Radeau	Vor
Vagues	Vlny
Voilier	Plachetnice
Yacht	Jachta

Bâtiments
Budovy

Appartement	Byt
Atelier	Dílna
Cabine	Kabina
Château	Hrad
Cinéma	Kino
École	Škola
Garage	Garáž
Grange	Stodola
Hôpital	Nemocnice
Hôtel	Hotel
Laboratoire	Laboratoř
Musée	Muzeum
Observatoire	Observatoř
Stade	Stadión
Supermarché	Supermarket
Tente	Stan
Théâtre	Divadlo
Tour	Věž
Université	Univerzita
Usine	Továrna

Beauté
Krása

Boucles	Kadeř
Charme	Kouzlo
Ciseaux	Nůžky
Cosmétique	Kosmetika
Couleur	Barva
Élégance	Elegance
Élégant	Elegantní
Grâce	Milost
Huiles	Oleje
Lisse	Hladký
Maquillage	Makeup
Mascara	Řasenka
Miroir	Zrcadlo
Parfum	Vůně
Peau	Kůže
Photogénique	Fotogenický
Rouge à Lèvres	Rtěnka
Services	Služby
Shampooing	Šampon
Styliste	Stylista

Boxe
Boxování

Adversaire	Soupeř
Arbitre	Rozhodčí
Blessures	Zranění
Cloche	Zvonek
Coin	Roh
Combattant	Bojovník
Compétence	Dovednost
Concentrer	Ohnisko
Cordes	Lana
Corps	Tělo
Coude	Loket
Coup	Kop
Épuisé	Vyčerpaný
Force	Síla
Gants	Rukavice
Menton	Brada
Poing	Pěst
Points	Body
Rapide	Rychlý
Récupération	Zotavení

Café
Káva

Acide	Kyselý
Amer	Horký
Arôme	Vůně
Boire	Pít
Boisson	Nápoj
Caféine	Kofein
Crème	Krém
Eau	Voda
Filtre	Filtr
Lait	Mléko
Liquide	Kapalina
Matin	Ráno
Moudre	Brousit
Noir	Černá
Origine	Původ
Prix	Cena
Saveur	Příchuť
Sucre	Cukr
Tasse	Pohár
Variété	Odrůda

Camping
Kempování

Animaux	Zvířata
Aventure	Dobrodružství
Boussole	Kompas
Cabine	Kabina
Canoë	Kánoe
Carte	Mapa
Chapeau	Klobouk
Chasse	Lov
Corde	Lano
Équipement	Zařízení
Feu	Oheň
Forêt	Les
Hamac	Houpací Síť
Insecte	Hmyz
Lac	Jezero
Lanterne	Lucerna
Lune	Měsíc
Montagne	Hora
Nature	Příroda
Tente	Stan

Chimie
Chemie

Acide	Kyselina
Alcalin	Alkalické
Atomique	Atomový
Carbone	Uhlík
Catalyseur	Katalyzátor
Chaleur	Teplo
Chlore	Chlór
Enzyme	Enzym
Électron	Elektron
Gaz	Plyn
Hydrogène	Vodík
Ion	Iont
Liquide	Kapalina
Métaux	Kovy
Molécule	Molekula
Nucléaire	Jaderný
Oxygène	Kyslík
Poids	Hmotnost
Sel	Sůl
Température	Teplota

Chocolat
Čokoláda

Amer	Horký
Antioxydant	Antioxidant
Arôme	Vůně
Bonbon	Bonbón
Cacahuètes	Arašídy
Cacao	Kakao
Calories	Kalorie
Caramel	Karamel
Délicieux	Lahodné
Doux	Sladký
Exotique	Exotický
Favori	Oblíbený
Goût	Chuť
Ingrédient	Přísada
Noix de Coco	Kokos
Poudre	Prášek
Qualité	Kvalita
Recette	Recept
Saveur	Příchuť
Sucre	Cukr

Cirque
Cirkus

Acrobate	Akrobat
Animaux	Zvířata
Ballons	Balóny
Billet	Lístek
Clown	Klaun
Costume	Kostým
Divertir	Bavit
Éléphant	Slon
Jongleur	Žonglér
Lion	Lev
Magicien	Kouzelník
Magie	Magie
Montrer	Ukázat
Musique	Hudba
Parade	Průvod
Singe	Opice
Spectaculaire	Okázalý
Spectateur	Divák
Tente	Stan
Tigre	Tygr

Conduite
Řízení

Accident	Nehoda
Camion	Náklaďák
Carburant	Palivo
Carte	Mapa
Danger	Nebezpečí
Freins	Brzdy
Garage	Garáž
Gaz	Plyn
Licence	Licence
Moteur	Motor
Moto	Motocykl
Piéton	Pěší
Police	Policie
Route	Silnice
Sécurité	Bezpečnost
Trafic	Provoz
Transport	Doprava
Tunnel	Tunel
Vitesse	Rychlost
Voiture	Auto

Corps Humain
Lidské Tělo

Bouche	Ústa
Cerveau	Mozek
Cheville	Kotník
Cou	Krk
Coude	Loket
Cœur	Srdce
Doigt	Prst
Estomac	Žaludek
Épaule	Rameno
Genou	Koleno
Lèvres	Rty
Main	Ruka
Mâchoire	Čelist
Menton	Brada
Nez	Nos
Oreille	Ucho
Peau	Kůže
Sang	Krev
Tête	Hlava
Visage	Tvář

Créativité
Kreativita

Artistique	Umělecký
Authenticité	Pravost
Clarté	Jasnost
Compétence	Dovednost
Dramatique	Dramatický
Expression	Výraz
Émotions	Emoce
Fluidité	Tekutost
Idées	Nápady
Image	Obraz
Imagination	Představivost
Impression	Dojem
Inspiration	Inspirace
Intensité	Intenzita
Intuition	Intuice
Inventif	Vynalézavý
Sensation	Pocit
Spontané	Spontánní
Visions	Vize
Vitalité	Vitalita

Diplomatie
Diplomacie

Ambassadeur	Velvyslanec
Citoyens	Občané
Civique	Občanský
Communauté	Společenství
Conflit	Konflikt
Conseiller	Poradce
Coopération	Spolupráce
Diplomatique	Diplomatický
Discussion	Diskuse
Éthique	Etika
Étranger	Zahraniční
Gouvernement	Vláda
Humanitaire	Humanitární
Intégrité	Integrita
Justice	Spravedlnost
Politique	Politika
Résolution	Usnesení
Sécurité	Bezpečnostní
Solution	Řešení
Traité	Smlouva

Disciplines Scientifiques
Vědecké Disciplíny

Anatomie	Anatomie
Archéologie	Archeologie
Astronomie	Astronomie
Biochimie	Biochemie
Biologie	Biologie
Botanique	Botanika
Chimie	Chemie
Écologie	Ekologie
Géologie	Geologie
Immunologie	Imunologie
Linguistique	Jazykověda
Mécanique	Mechanika
Météorologie	Meteorologie
Minéralogie	Mineralogie
Neurologie	Neurologie
Physiologie	Fyziologie
Psychologie	Psychologie
Sociologie	Sociologie
Thermodynamique	Termodynamika
Zoologie	Zoologie

Eau
Vodní

Canal	Kanál
Douche	Sprcha
Évaporation	Vypařování
Fleuve	Řeka
Gel	Mráz
Geyser	Gejzír
Glace	Led
Humide	Vlhký
Humidité	Vlhkost
Inondation	Povodeň
Irrigation	Zavlažování
Lac	Jezero
Mousson	Monzun
Neige	Sníh
Océan	Oceán
Ouragan	Hurikán
Pluie	Déšť
Potable	Pitný
Vagues	Vlny
Vapeur	Pára

Entreprise
Podnikání

Argent	Peníze
Boutique	Obchod
Budget	Rozpočet
Bureau	Kancelář
Carrière	Kariéra
Coût	Náklady
Devise	Měna
Employeur	Zaměstnavatel
Employé	Zaměstnanec
Entreprise	Společnost
Économie	Ekonomie
Finance	Finance
Impôts	Daně
Investissement	Investice
Marchandise	Zboží
Profit	Zisk
Revenu	Příjem
Transaction	Transakce
Usine	Továrna
Vente	Prodej

Écologie
Ekologie

Bénévoles	Dobrovolníci
Climat	Klima
Communautés	Komunity
Diversité	Rozmanitost
Durable	Udržitelný
Espèce	Druh
Faune	Fauna
Flore	Flóra
Global	Globální
Marais	Močál
Marin	Mořský
Montagnes	Hory
Nature	Příroda
Naturel	Přírodní
Plantes	Rostliny
Ressources	Zdroje
Sécheresse	Sucho
Survie	Přežití
Variété	Odrůda
Végétation	Vegetace

Énergie
Energie

Batterie	Baterie
Carbone	Uhlík
Carburant	Palivo
Chaleur	Teplo
Diesel	Nafta
Entropie	Entropie
Essence	Benzín
Électrique	Elektrický
Électron	Elektron
Hydrogène	Vodík
Industrie	Průmysl
Moteur	Motor
Nucléaire	Jaderný
Photon	Foton
Pollution	Znečištění
Renouvelable	Obnovitelný
Soleil	Slunce
Turbine	Turbína
Vapeur	Pára
Vent	Vítr

Épices
Koření

Aigre	Kyselý
Ail	Česnek
Amer	Horký
Anis	Anýz
Cannelle	Skořice
Cardamome	Kardamon
Coriandre	Koriandr
Cumin	Kmín
Curry	Kari
Fenouil	Fenykl
Fenugrec	Pískavice
Gingembre	Zázvor
Oignon	Cibule
Paprika	Paprika
Poivre	Pepř
Réglisse	Lékořice
Safran	Šafrán
Saveur	Příchuť
Sel	Sůl
Vanille	Vanilka

Éthique
Etiky

Altruisme	Altruismus
Bienveillant	Benevolentní
Compassion	Soucit
Coopération	Spolupráce
Dignité	Důstojnost
Diplomatique	Diplomatický
Gentillesse	Laskavost
Honnêteté	Poctivost
Humanité	Lidstvo
Intégrité	Integrita
Optimisme	Optimismus
Patience	Trpělivost
Philosophie	Filozofie
Raisonnable	Rozumné
Rationalité	Rozumnost
Respectueux	Uctivý
Réalisme	Realismus
Sagesse	Moudrost
Tolérance	Tolerance
Valeurs	Hodnoty

Famille
Rodinná

Ancêtre	Předek
Cousin	Bratranec
Enfance	Dětství
Enfant	Dítě
Enfants	Děti
Femme	Manželka
Fille	Dcera
Frère	Bratr
Grand-Mère	Babička
Grand-Père	Dědeček
Mari	Manžel
Maternel	Mateřský
Mère	Matka
Neveu	Synovec
Nièce	Neteř
Oncle	Strýc
Paternel	Otcovský
Père	Otec
Soeur	Sestra
Tante	Teta

Ferme #1
Farma #1

Abeille	Včela
Agriculture	Zemědělství
Âne	Osel
Bison	Bizon
Champ	Pole
Chat	Kočka
Cheval	Kůň
Chèvre	Koza
Chien	Pes
Clôture	Plot
Corbeau	Vrána
Eau	Voda
Engrais	Hnojivo
Foin	Seno
Miel	Med
Poulet	Kuře
Riz	Rýže
Troupeau	Stádo
Vache	Kráva
Veau	Tele

Ferme #2
Farma #2

Agneau	Jehněčí
Agriculteur	Zemědělec
Animaux	Zvířata
Berger	Pastýř
Blé	Pšenice
Canard	Kachna
Fruit	Ovoce
Grange	Stodola
Irrigation	Zavlažování
Lait	Mléko
Lama	Lama
Légume	Zelenina
Maïs	Kukuřice
Mouton	Ovce
Nourriture	Jídlo
Orge	Ječmen
Pré	Louka
Ruche	Úl
Tracteur	Traktor
Verger	Sad

Fleurs
Květiny

Bouquet	Kytice
Gardénia	Gardénie
Hibiscus	Ibišek
Jasmin	Jasmín
Jonquille	Narcis
Lavande	Levandule
Lilas	Šeřík
Lys	Lilie
Magnolia	Magnólie
Marguerite	Sedmikráska
Orchidée	Orchidej
Passiflore	Mučenka
Pavot	Mák
Pissenlit	Pampeliška
Pivoine	Pivoňka
Plumeria	Plumeria
Rose	Růže
Tournesol	Slunečnice
Trèfle	Jetel
Tulipe	Tulipán

Force et Gravité
Síla a Gravitace

Axe	Osa
Centre	Centrum
Découverte	Objev
Distance	Vzdálenost
Dynamique	Dynamický
Expansion	Expanze
Friction	Tření
Impact	Dopad
Magnétisme	Magnetismus
Mécanique	Mechanika
Mouvement	Pohyb
Orbite	Obíhat
Physique	Fyzika
Planètes	Planety
Poids	Hmotnost
Pression	Tlak
Propriétés	Vlastnosti
Temps	Čas
Universel	Univerzální
Vitesse	Rychlost

Forêt Tropicale
Deštný Prales

Amphibiens	Obojživelníci
Botanique	Botanický
Climat	Klima
Communauté	Společenství
Diversité	Rozmanitost
Espèce	Druh
Indigène	Původní
Insectes	Hmyz
Jungle	Džungle
Mammifères	Savci
Mousse	Mech
Nature	Příroda
Nuage	Mraky
Oiseaux	Ptáci
Précieux	Cenný
Préservation	Zachování
Refuge	Útočiště
Respect	Úcta
Restauration	Obnovení
Survie	Přežití

Formes
Obrazec

Arc	Oblouk
Bords	Hrany
Carré	Náměstí
Cercle	Kruh
Coin	Roh
Courbe	Křivka
Cône	Kužel
Côté	Strana
Cube	Krychle
Cylindre	Válec
Ellipse	Elipsa
Hyperbole	Hyperbola
Ligne	Řádek
Ovale	Ovál
Polygone	Polygon
Prisme	Hranol
Pyramide	Pyramida
Rectangle	Obdélník
Sphère	Koule
Triangle	Trojúhelník

Fournitures d'Art
Výtvarné Potřeby

Acrylique	Akryl
Aquarelles	Akvarely
Argile	Jíl
Brosses	Kartáče
Caméra	Fotoaparát
Chaise	Židle
Charbon	Dřevěné Uhlí
Chevalet	Stojan
Colle	Lepidlo
Couleurs	Barvy
Crayons	Tužky
Créativité	Tvořivost
Eau	Voda
Encre	Inkoust
Gomme	Guma
Huile	Olej
Idées	Nápady
Papier	Papír
Pastels	Pastely
Table	Stůl

Fruit
Ovoce

Abricot	Meruňka
Ananas	Ananas
Avocat	Avokádo
Baie	Bobule
Banane	Banán
Cerise	Třešeň
Citron	Citron
Figue	Obr
Framboise	Malina
Goyave	Guava
Kiwi	Kiwi
Mangue	Mango
Melon	Meloun
Nectarine	Nektarinka
Orange	Oranžový
Papaye	Papája
Pêche	Broskev
Poire	Hruška
Pomme	Jablko
Raisin	Hrozen

Géographie
Kategorie: Geografie

Atlas	Atlas
Carte	Mapa
Continent	Kontinent
Équateur	Rovník
Fleuve	Řeka
Globe	Zeměkoule
Hémisphère	Polokoule
Île	Ostrov
Mer	Moře
Méridien	Poledník
Monde	Svět
Montagne	Hora
Nord	Severní
Océan	Oceán
Ouest	Západ
Pays	Země
Région	Region
Sud	Jih
Territoire	Území
Ville	Město

Géologie
Geologie

Acide	Kyselina
Calcium	Vápník
Caverne	Jeskyně
Continent	Kontinent
Corail	Korál
Couche	Vrstva
Cristaux	Krystaly
Érosion	Eroze
Fondu	Roztavený
Fossile	Fosilie
Geyser	Gejzír
Lave	Láva
Minéraux	Minerály
Pierre	Kámen
Plateau	Plošina
Quartz	Křemen
Sel	Sůl
Stalactite	Stalaktit
Volcan	Sopka
Zone	Zóna

Géométrie
Geometrie

Angle	Úhel
Calcul	Výpočet
Cercle	Kruh
Courbe	Křivka
Diamètre	Průměr
Dimension	Dimenze
Équation	Rovnice
Hauteur	Výška
Logique	Logika
Masse	Hmotnost
Médian	Medián
Nombre	Číslo
Parallèle	Rovnoběžný
Proportion	Poměr
Segment	Segment
Surface	Povrch
Symétrie	Symetrie
Théorie	Teorie
Triangle	Trojúhelník
Vertical	Vertikální

Gouvernement
Vláda

Citoyenneté	Občanství
Civil	Civilní
Constitution	Ústava
Démocratie	Demokracie
Discours	Projev
Discussion	Diskuse
Droits	Práva
Égalité	Rovnost
État	Stát
Indépendance	Nezávislost
Judiciaire	Soudní
Justice	Spravedlnost
Liberté	Svoboda
Loi	Zákon
Monument	Pomník
Nation	Národ
National	Národní
Paisible	Klidný
Politique	Politika
Symbole	Symbol

Herboristerie
Bylinkářství

Ail	Česnek
Aromatique	Aromatický
Basilic	Bazalka
Bénéfique	Příznivý
Culinaire	Kulinářské
Estragon	Estragon
Fenouil	Fenykl
Fleur	Květina
Ingrédient	Přísada
Jardin	Zahrada
Lavande	Levandule
Marjolaine	Majoránka
Menthe	Máta
Persil	Petržel
Qualité	Kvalita
Romarin	Rozmarýn
Safran	Šafrán
Saveur	Příchuť
Thym	Tymián
Vert	Zelená

Ingénierie
Inženýrství

Angle	Úhel
Axe	Osa
Calcul	Výpočet
Construction	Konstrukce
Diagramme	Diagram
Diamètre	Průměr
Diesel	Nafta
Distribution	Distribuce
Énergie	Energie
Force	Síla
Leviers	Páky
Liquide	Kapalina
Machine	Stroj
Mesure	Měření
Moteur	Motor
Profondeur	Hloubka
Propulsion	Pohon
Rotation	Rotace
Stabilité	Stabilita
Structure	Struktura

Instruments de Musique
Hudební Nástroje

Banjo	Bendžo
Basson	Fagot
Clarinette	Klarinet
Flûte	Flétna
Gong	Gong
Guitare	Kytara
Harmonica	Harmonika
Harpe	Harfa
Hautbois	Hoboj
Mandoline	Mandolína
Marimba	Marimba
Percussion	Poklep
Piano	Klavír
Saxophone	Saxofon
Tambour	Buben
Tambourin	Tamburína
Trombone	Pozoun
Trompette	Trubka
Violon	Housle
Violoncelle	Violoncello

Jardin
Zahrada

Arbre	Strom
Banc	Lavice
Buisson	Keř
Clôture	Plot
Étang	Rybník
Fleur	Květina
Garage	Garáž
Hamac	Houpací Sít
Herbe	Tráva
Jardin	Zahrada
Mauvaises Herbes	Plevel
Pelle	Lopata
Pelouse	Trávník
Râteau	Hrábě
Sol	Půda
Terrasse	Terasa
Trampoline	Trampolína
Tuyau	Hadice
Verger	Sad
Vigne	Víno

Jazz
Jazz

Album	Album
Artiste	Umělec
Célèbre	Slavný
Chanson	Píseň
Compositeur	Skladatel
Composition	Složení
Concert	Koncert
Favoris	Oblíbené
Genre	Žánr
Improvisation	Improvizace
Musique	Hudba
Nouveau	Nový
Orchestre	Orchestr
Rythme	Rytmus
Solo	Sólo
Style	Styl
Talent	Talent
Tambours	Bicí
Technique	Technika
Vieux	Starý

Jours et Mois
Dny a Měsíce

Août	Srpen
Avril	Duben
Calendrier	Kalendář
Dimanche	Neděle
Février	Únor
Janvier	Leden
Jeudi	Čtvrtek
Juillet	Červenec
Juin	Červen
Lundi	Pondělí
Mardi	Úterý
Mars	Březen
Mercredi	Středa
Mois	Měsíc
Novembre	Listopad
Octobre	Říjen
Samedi	Sobota
Semaine	Týden
Septembre	Září
Vendredi	Pátek

L'Entreprise
Společnost

Affaires	Podnikání
Créatif	Tvořivý
Décision	Rozhodnutí
Emploi	Zaměstnání
Global	Globální
Industrie	Průmysl
Innovant	Inovační
Investissement	Investice
Possibilité	Možnost
Présentation	Prezentace
Produit	Produkt
Professionnel	Profesionální
Progrès	Pokrok
Qualité	Kvalita
Ressources	Zdroje
Revenu	Výnos
Réputation	Pověst
Risques	Rizika
Tendances	Trendy
Unités	Jednotky

Les Abeilles
Včely

Ailes	Křídla
Bénéfique	Příznivý
Cire	Vosk
Diversité	Rozmanitost
Essaim	Roj
Écosystème	Ekosystém
Fleur	Květ
Fleurs	Květiny
Fruit	Ovoce
Fumée	Kouř
Insecte	Hmyz
Jardin	Zahrada
Miel	Med
Nourriture	Jídlo
Plantes	Rostliny
Pollen	Pyl
Pollinisateur	Opylovač
Reine	Královna
Ruche	Úl
Soleil	Slunce

Les Médias
Médium

Attitudes	Postoje
Commercial	Komerční
Communication	Komunikace
En Ligne	Online
Édition	Edice
Éducation	Vzdělávání
Faits	Fakta
Financement	Financování
Individuel	Jedinec
Industrie	Průmysl
Intellectuel	Intelektuální
Journaux	Noviny
Local	Místní
Numérique	Digitální
Opinion	Názor
Photos	Fotky
Public	Veřejný
Radio	Rádio
Réseau	Síť
Télévision	Televize

Légumes
Zelenina

Ail	Česnek
Artichaut	Artyčok
Aubergine	Lilek
Brocoli	Brokolice
Carotte	Mrkev
Céleri	Celer
Champignon	Houba
Citrouille	Dýně
Concombre	Okurka
Échalote	Šalotka
Épinard	Špenát
Gingembre	Zázvor
Navet	Tuřín
Oignon	Cibule
Olive	Oliva
Persil	Petržel
Pois	Hrášek
Radis	Ředkev
Salade	Salát
Tomate	Rajče

Littérature
Literatura

Analogie	Analogie
Analyse	Analýza
Anecdote	Anekdota
Auteur	Autor
Biographie	Životopis
Comparaison	Srovnání
Conclusion	Závěr
Description	Popis
Dialogue	Dialog
Fiction	Beletrie
Métaphore	Metafora
Narrateur	Vypravěč
Poème	Báseň
Poétique	Poetický
Rime	Rým
Roman	Román
Rythme	Rytmus
Style	Styl
Thème	Téma
Tragédie	Tragédie

Livres
Knihy

Auteur	Autor
Aventure	Dobrodružství
Collection	Sbírka
Contexte	Kontext
Dualité	Dualita
Épique	Epos
Histoire	Příběh
Historique	Historický
Humoristique	Vtipný
Inventif	Vynalézavý
Lecteur	Čtenář
Littéraire	Literární
Narrateur	Vypravěč
Page	Stránka
Pertinent	Relevantní
Poème	Báseň
Poésie	Poezie
Roman	Román
Série	Řada
Tragique	Tragický

Maison
Dům

Balai	Koště
Bibliothèque	Knihovna
Cheminée	Krb
Clés	Klíče
Clôture	Plot
Cuisine	Kuchyně
Douche	Sprcha
Fenêtre	Okno
Garage	Garáž
Grenier	Podkroví
Jardin	Zahrada
Lampe	Lampa
Miroir	Zrcadlo
Mur	Stěna
Plafond	Strop
Porte	Dveře
Rideaux	Závěsy
Sous-Sol	Suterén
Tapis	Koberec
Toit	Střecha

Mammifères
Savci

Baleine	Velryba
Chat	Kočka
Cheval	Kůň
Chien	Pes
Coyote	Kojot
Dauphin	Delfín
Éléphant	Slon
Girafe	Žirafa
Gorille	Gorila
Kangourou	Klokan
Lapin	Králík
Lion	Lev
Loup	Vlk
Mouton	Ovce
Ours	Medvěd
Renard	Liška
Singe	Opice
Taureau	Býk
Tigre	Tygr
Zèbre	Zebra

Mathématiques
Matematika

Angles	Úhly
Arithmétique	Aritmetický
Carré	Náměstí
Circonférence	Obvod
Décimal	Desetinný
Diamètre	Průměr
Exposant	Exponent
Équation	Rovnice
Fraction	Zlomek
Géométrie	Geometrie
Parallèle	Rovnoběžný
Parallélogramme	Rovnoběžník
Perpendiculaire	Kolmý
Polygone	Polygon
Rayon	Poloměr
Rectangle	Obdélník
Somme	Součet
Symétrie	Symetrie
Triangle	Trojúhelník
Volume	Objem

Mesures
Měření

Centimètre	Centimetr
Degré	Stupeň
Décimal	Desetinný
Gramme	Gram
Hauteur	Výška
Kilogramme	Kilogram
Kilomètre	Kilometr
Largeur	Šířka
Litre	Litr
Longueur	Délka
Mètre	Metr
Minute	Minuta
Octet	Bajt
Once	Unce
Pinte	Pinta
Poids	Hmotnost
Pouce	Palec
Profondeur	Hloubka
Tonne	Tón
Volume	Objem

Méditation
Rozjímání

Acceptation	Přijetí
Attention	Pozornost
Calme	Uklidnit
Clarté	Jasnost
Compassion	Soucit
Esprit	Mysl
Émotions	Emoce
Éveillé	Probudit
Gentillesse	Laskavost
Gratitude	Vděčnost
Habitudes	Zvyky
Mental	Duševní
Mouvement	Hnutí
Musique	Hudba
Nature	Příroda
Observation	Pozorování
Paix	Mír
Perspective	Perspektiva
Respiration	Dýchání
Silence	Umlčet

Mode
Módní

Boutique	Butik
Boutons	Tlačítka
Broderie	Výšivka
Cher	Drahý
Confortable	Pohodlný
Dentelle	Krajka
Élégant	Elegantní
Mesures	Měření
Moderne	Moderní
Modeste	Skromný
Modèle	Vzor
Original	Původní
Pratique	Praktický
Simple	Jednoduchý
Sophistiqué	Sofistikovaný
Style	Styl
Tendance	Trend
Texture	Textura
Tissu	Tkanina
Vêtements	Oblečení

Musique
Hudba

Album	Album
Ballade	Balada
Chanter	Zpívat
Chanteur	Zpěvák
Classique	Klasický
Enregistrement	Nahrávka
Harmonie	Harmonie
Harmonique	Harmonický
Instrument	Nástroj
Lyrique	Lyrický
Mélodie	Melodie
Microphone	Mikrofon
Musical	Hudební
Musicien	Hudebník
Opéra	Opera
Poétique	Poetický
Rythme	Rytmus
Rythmique	Rytmický
Tempo	Tempo
Vocal	Hlasový

Mythologie
Mytologie

Archétype	Archetyp
Catastrophe	Katastrofa
Comportement	Chování
Création	Vytvoření
Créature	Stvoření
Croyances	Přesvědčení
Culture	Kultura
Éclair	Blesk
Force	Síla
Guerrier	Bojovník
Héros	Hrdina
Immortalité	Nesmrtelnost
Jalousie	Žárlivost
Labyrinthe	Labyrint
Légende	Legenda
Magique	Magický
Monstre	Příšera
Mortel	Smrtelný
Tonnerre	Hrom
Vengeance	Pomsta

Nature
Příroda

Abeilles	Včely
Abri	Útočiště
Animaux	Zvířata
Arctique	Arktický
Beauté	Krása
Brouillard	Mlha
Désert	Poušť
Dynamique	Dynamický
Érosion	Eroze
Feuillage	List
Fleuve	Řeka
Forêt	Les
Glacier	Ledovec
Montagnes	Hory
Nuage	Mraky
Sanctuaire	Svatyně
Sauvage	Divoký
Serein	Klidný
Tropical	Tropický
Vital	Vitální

Nombres
Čísla

Cinq	Pět
Deux	Dva
Décimal	Desetinný
Dix	Deset
Dix-Huit	Osmnáct
Dix-Neuf	Devatenáct
Dix-Sept	Sedmnáct
Douze	Dvanáct
Huit	Osm
Neuf	Devět
Quatorze	Čtrnáct
Quatre	Čtyři
Quinze	Patnáct
Seize	Šestnáct
Sept	Sedm
Six	Šest
Treize	Třináct
Trois	Tři
Vingt	Dvacet
Zéro	Nula

Nourriture #1
Potraviny #1

Ail	Česnek
Basilic	Bazalka
Café	Káva
Cannelle	Skořice
Carotte	Mrkev
Citron	Citron
Épinard	Špenát
Fraise	Jahoda
Jus	Šťáva
Lait	Mléko
Navet	Tuřín
Oignon	Cibule
Orge	Ječmen
Poire	Hruška
Salade	Salát
Sel	Sůl
Soupe	Polévka
Sucre	Cukr
Thon	Tuňák
Viande	Maso

Nourriture #2
Potraviny #2

Amande	Mandle
Aubergine	Lilek
Banane	Banán
Blé	Pšenice
Brocoli	Brokolice
Cerise	Třešeň
Céleri	Celer
Champignon	Houba
Chocolat	Čokoláda
Jambon	Šunka
Kiwi	Kiwi
Mangue	Mango
Oeuf	Vejce
Pain	Chléb
Poisson	Ryba
Pomme	Jablko
Poulet	Kuře
Raisin	Hrozen
Riz	Rýže
Tomate	Rajče

Nutrition
Výživa

Amer	Horký
Appétit	Chuť
Calories	Kalorie
Comestible	Jedlý
Diète	Strava
Digestion	Trávení
Épices	Koření
Équilibré	Vyvážený
Fermentation	Kvašení
Glucides	Sacharid
Liquides	Kapaliny
Poids	Hmotnost
Protéines	Proteiny
Qualité	Kvalita
Sain	Zdravý
Santé	Zdraví
Sauce	Omáčka
Saveur	Příchuť
Toxine	Toxin
Vitamine	Vitamín

Océan
Oceán

Anguille	Úhoř
Baleine	Velryba
Bateau	Loď
Corail	Korál
Crabe	Krab
Crevette	Kreveta
Dauphin	Delfín
Éponge	Houba
Huître	Ústřice
Marées	Přílivy
Méduse	Medúza
Poisson	Ryba
Poulpe	Chobotnice
Requin	Žralok
Récif	Útes
Sel	Sůl
Tempête	Bouře
Thon	Tuňák
Tortue	Želva
Vagues	Vlny

Oiseaux
Ptactvo

Aigle	Orel
Autruche	Pštros
Canard	Kachna
Cigogne	Čáp
Colombe	Holubice
Corbeau	Vrána
Coucou	Kukačka
Cygne	Labuť
Héron	Volavka
Manchot	Tučňák
Moineau	Vrabec
Mouette	Racek
Oeuf	Vejce
Oie	Husa
Paon	Páv
Perroquet	Papoušek
Pélican	Pelikán
Pigeon	Holub
Poulet	Kuře
Toucan	Tukan

Pays #1
Země #1

Afghanistan	Afghánistán
Allemagne	Německo
Argentine	Argentina
Brésil	Brazílie
Canada	Kanada
Espagne	Španělsko
Équateur	Ekvádor
Finlande	Finsko
Inde	Indie
Israël	Izrael
Libye	Libye
Mali	Mali
Maroc	Maroko
Nicaragua	Nikaragua
Norvège	Norsko
Panama	Panama
Philippines	Filipíny
Pologne	Polsko
Roumanie	Rumunsko
Venezuela	Venezuela

Pays #2
Země #2

Albanie	Albánie
Chine	Čína
Danemark	Dánsko
France	Francie
Haïti	Haiti
Indonésie	Indonésie
Irlande	Irsko
Jamaïque	Jamajka
Japon	Japonsko
Kenya	Keňa
Laos	Laos
Liban	Libanon
Mexique	Mexiko
Ouganda	Uganda
Pakistan	Pákistán
Russie	Rusko
Somalie	Somálsko
Soudan	Súdán
Syrie	Sýrie
Ukraine	Ukrajina

Paysages
Krajiny

Cascade	Vodopád
Colline	Kopec
Désert	Poušť
Estuaire	Ústí
Fleuve	Řeka
Geyser	Gejzír
Grotte	Jeskyně
Iceberg	Ledovec
Île	Ostrov
Lac	Jezero
Marais	Bažina
Mer	Moře
Montagne	Hora
Oasis	Oáza
Océan	Oceán
Péninsule	Poloostrov
Plage	Pláž
Toundra	Tundra
Vallée	Údolí
Volcan	Sopka

Philanthropie
Filantropie

Besoin	Potřeba
Buts	Cíle
Charité	Charita
Communauté	Společenství
Contacts	Kontakty
Défis	Výzvy
Enfants	Děti
Finance	Finance
Fonds	Fondy
Gens	Lidé
Générosité	Štědrost
Global	Globální
Groupes	Skupiny
Histoire	Historie
Honnêteté	Poctivost
Humanité	Lidstvo
Jeunesse	Mládí
Mission	Mise
Programmes	Programy
Public	Veřejný

Photographie
Fotografování

Adoucir	Změkčit
Cadre	Rám
Caméra	Fotoaparát
Composition	Složení
Contraste	Kontrast
Couleur	Barva
Définition	Definice
Exposition	Výstava
Éclairage	Osvětlení
Format	Formát
Noir	Černá
Objet	Objekt
Obscurité	Tma
Ombre	Stíny
Perspective	Perspektiva
Portrait	Portrét
Sujet	Předmět
Texture	Textura
Visuel	Vizuální
Vue	Pohled

Physique
Fyzika

Accélération	Zrychlení
Atome	Atom
Chaos	Chaos
Chimique	Chemický
Densité	Hustota
Électron	Elektron
Formule	Vzorec
Fréquence	Frekvence
Gaz	Plyn
Gravité	Gravitace
Magnétisme	Magnetismus
Masse	Hmotnost
Mécanique	Mechanika
Molécule	Molekula
Moteur	Motor
Nucléaire	Jaderný
Particule	Částice
Relativité	Relativita
Universel	Univerzální
Vitesse	Rychlost

Plantes
Rostliny

Arbre	Strom
Baie	Bobule
Bambou	Bambus
Botanique	Botanika
Buisson	Keř
Cactus	Kaktus
Engrais	Hnojivo
Feuillage	List
Fleur	Květina
Flore	Flóra
Forêt	Les
Grandir	Růst
Haricot	Fazole
Herbe	Tráva
Jardin	Zahrada
Lierre	Břečťan
Mousse	Mech
Racine	Kořen
Tige	Stonek
Végétation	Vegetace

Professions #1
Profese #1

Ambassadeur	Velvyslanec
Astronome	Astronom
Avocat	Advokát
Banquier	Bankéř
Bijoutier	Klenotník
Cartographe	Kartograf
Chasseur	Lovec
Danseur	Tanečník
Entraîneur	Trenér
Éditeur	Editor
Géologue	Geolog
Infirmière	Sestra
Médecin	Lékař
Musicien	Hudebník
Pianiste	Pianista
Plombier	Instalatér
Pompier	Hasič
Psychologue	Psycholog
Scientifique	Vědec
Vétérinaire	Veterinář

Professions #2
Profese #2

Astronaute	Astronaut
Bibliothécaire	Knihovník
Biologiste	Biolog
Chercheur	Výzkumník
Chirurgien	Chirurg
Dentiste	Zubař
Détective	Detektiv
Enseignant	Učitel
Illustrateur	Ilustrátor
Ingénieur	Inženýr
Inventeur	Vynálezce
Jardinier	Zahradník
Journaliste	Novinář
Linguiste	Lingvista
Médecin	Lékař
Peintre	Malíř
Philosophe	Filozof
Photographe	Fotograf
Pilote	Pilot
Zoologiste	Zoolog

Psychologie
Psychologie

Clinique	Klinický
Comportement	Chování
Conflit	Konflikt
Ego	Ego
Enfance	Dětství
Expériences	Zkušenosti
Émotions	Emoce
Évaluation	Posouzení
Idées	Nápady
Inconscient	Nevědomý
Pensées	Myšlenky
Perception	Vnímání
Personnalité	Osobnost
Problème	Problém
Rendez-Vous	Jmenování
Réalité	Realita
Rêves	Sny
Sensation	Pocit
Subconscient	Podvědomý
Thérapie	Terapie

Randonnée
Pěší Turistika

Animaux	Zvířata
Bottes	Boty
Camping	Kempování
Carte	Mapa
Climat	Klima
Eau	Voda
Falaise	Útes
Fatigué	Unavený
Guides	Průvodce
Lourd	Těžký
Météo	Počasí
Montagne	Hora
Nature	Příroda
Orientation	Orientace
Parcs	Parky
Pierres	Kameny
Préparation	Příprava
Sauvage	Divoký
Soleil	Slunce
Sommet	Summit

Remplir
K Vyplnění

Baril	Barel
Bassin	Povodí
Boîte	Krabice
Bouteille	Láhev
Caisse	Bedna
Carton	Karton
Dossier	Složka
Enveloppe	Obálka
Navire	Plavidlo
Panier	Košík
Paquet	Balíček
Plateau	Zásobník
Poche	Kapsa
Pot	Sklenice
Sac	Taška
Seau	Kbelík
Tiroir	Šuplík
Tube	Trubka
Valise	Kufr
Vase	Váza

Restaurant #2
Restaurace #2

Boisson	Nápoj
Chaise	Židle
Cuillère	Lžíce
Déjeuner	Oběd
Délicieux	Lahodné
Dîner	Večeře
Eau	Voda
Épices	Koření
Fourchette	Vidlička
Fruit	Ovoce
Gâteau	Dort
Glace	Led
Légumes	Zelenina
Nouilles	Nudle
Oeuf	Vejce
Poisson	Ryba
Salade	Salát
Sel	Sůl
Serveur	Číšník
Soupe	Polévka

Santé et Bien-Être #1
Zdraví a Wellness #1

Actif	Aktivní
Bactéries	Bakterie
Blessure	Zranění
Clinique	Klinika
Faim	Hlad
Fracture	Zlomenina
Habitude	Zvyk
Hauteur	Výška
Hormone	Hormony
Médecin	Lékař
Médicament	Lék
Muscles	Svaly
Os	Kosti
Peau	Kůže
Pharmacie	Lékárna
Relaxation	Relaxace
Réflexe	Reflex
Thérapie	Terapie
Traitement	Léčba
Virus	Virus

Santé et Bien-Être #2
Zdraví a Wellness #2

Allergie	Alergie
Anatomie	Anatomie
Appétit	Chuť
Calorie	Kalorie
Corps	Tělo
Déshydratation	Dehydratace
Énergie	Energie
Génétique	Genetika
Hôpital	Nemocnice
Hygiène	Hygiena
Infection	Infekce
Maladie	Nemoc
Massage	Masáž
Nutrition	Výživa
Poids	Hmotnost
Récupération	Zotavení
Sain	Zdravý
Sang	Krev
Stress	Stres
Vitamine	Vitamín

Science
Věda

Atome	Atom
Chimique	Chemický
Climat	Klima
Données	Data
Expérience	Experiment
Évolution	Vývoj
Fait	Skutečnost
Fossile	Fosilie
Gravité	Gravitace
Hypothèse	Hypotéza
Laboratoire	Laboratoř
Méthode	Metoda
Minéraux	Minerály
Molécules	Molekuly
Nature	Příroda
Observation	Pozorování
Organisme	Organismus
Particules	Částice
Physique	Fyzika
Scientifique	Vědec

Science-Fiction
Science Fiction

Atomique	Atomový
Cinéma	Kino
Explosion	Výbuch
Extrême	Extrémní
Fantastique	Fantastický
Feu	Oheň
Futuriste	Futuristický
Galaxie	Galaxie
Illusion	Iluze
Imaginaire	Imaginární
Livres	Knihy
Monde	Svět
Mystérieux	Tajemný
Oracle	Věštec
Planète	Planeta
Réaliste	Realistický
Robots	Roboty
Scénario	Scénář
Technologie	Technologie
Utopie	Utopie

Temps
Čas

Année	Rok
Annuel	Roční
Après	Po
Avant	Před
Bientôt	Brzy
Calendrier	Kalendář
Décennie	Desetiletí
Futur	Budoucnost
Heure	Hodina
Hier	Včera
Horloge	Hodiny
Jour	Den
Maintenant	Teď
Matin	Ráno
Midi	Poledne
Minute	Minuta
Mois	Měsíc
Nuit	Noc
Semaine	Týden
Siècle	Století

Types de Cheveux
Typy Vlasů

Argent	Stříbro
Blanc	Bílý
Blond	Blond
Boucles	Kadeř
Brillant	Lesklý
Chauve	Plešatý
Coloré	Barevný
Court	Krátký
Doux	Měkký
Épais	Tlustý
Frisé	Kudrnatý
Gris	Šedá
Long	Dlouhý
Marron	Hnědý
Mince	Tenký
Noir	Černá
Ondulé	Vlnitý
Sain	Zdravý
Sec	Suchý
Tressé	Pletené

Univers
Vesmír

Astéroïde	Asteroid
Astronome	Astronom
Astronomie	Astronomie
Atmosphère	Atmosféra
Céleste	Nebeský
Ciel	Nebe
Cosmique	Vesmírný
Équateur	Rovník
Galaxie	Galaxie
Hémisphère	Polokoule
Horizon	Horizont
Inclinaison	Náklon
Lune	Měsíc
Obscurité	Tma
Orbite	Obíhat
Solaire	Solární
Solstice	Slunovrat
Télescope	Dalekohled
Visible	Viditelný
Zodiaque	Zvěrokruh

Vacances #2
Dovolená #2

Aéroport	Letiště
Camping	Kempování
Carte	Mapa
Destination	Destinace
Étranger	Cizinec
Hôtel	Hotel
Île	Ostrov
Loisir	Volný Čas
Mer	Moře
Passeport	Cestovní Pas
Plage	Pláž
Restaurant	Restaurace
Réservations	Rezervace
Taxi	Taxi
Tente	Stan
Train	Vlak
Transport	Doprava
Vacances	Dovolená
Visa	Vízum
Voyage	Cesta

Véhicules
Životnost

Ambulance	Sanitka
Avion	Letadlo
Bateau	Loď
Bus	Autobus
Camion	Náklaďák
Caravane	Karavana
Ferry	Trajekt
Fusée	Raketa
Hélicoptère	Vrtulník
Métro	Metro
Moteur	Motor
Pneus	Pneumatiky
Radeau	Vor
Scooter	Koloběžka
Sous-Marin	Ponorka
Taxi	Taxi
Tracteur	Traktor
Train	Vlak
Vélo	Jízdní Kolo
Voiture	Auto

Vêtements
Oblečení

Bracelet	Náramek
Ceinture	Pás
Chapeau	Klobouk
Chaussure	Bota
Chemise	Košile
Chemisier	Halenka
Collier	Náhrdelník
Foulard	Šátek
Gants	Rukavice
Jeans	Džíny
Jupe	Sukně
Manteau	Kabát
Mode	Móda
Pantalon	Kalhoty
Pull	Svetr
Pyjama	Pyžamo
Robe	Šaty
Sandales	Sandály
Tablier	Zástěra
Veste	Bunda

Ville
Městské

Aéroport	Letiště
Banque	Banka
Bibliothèque	Knihovna
Boulangerie	Pekárna
Cinéma	Kino
Clinique	Klinika
École	Škola
Fleuriste	Květinář
Galerie	Galerie
Hôtel	Hotel
Librairie	Knihkupectví
Marché	Trh
Musée	Muzeum
Pharmacie	Lékárna
Restaurant	Restaurace
Stade	Stadión
Supermarché	Supermarket
Théâtre	Divadlo
Université	Univerzita
Zoo	Zoo

Félicitations

Vous avez réussi !

Nous espérons que vous avez apprécié ce livre autant que nous avons pris plaisir à le concevoir. Nous faisons de notre mieux pour créer des livres de la meilleure qualité possible.
Cette édition est conçue pour permettre un apprentissage intelligent et de qualité en se divertissant !

Vous avez aimé ce livre ?

Une Simple Demande

Nos livres existent grâce aux avis que vous publiez. Pourriez-vous nous aider en laissant un avis maintenant ?

Voici un lien rapide qui vous mènera à votre page d'évaluation de vos commandes :

BestBooksActivity.com/Avis50

CHALLENGE FINAL !

Défi n°1

Êtes-vous prêt pour votre jeu bonus ? Nous les utilisons tout le temps mais ils ne sont pas si faciles à trouver. Voici les **Synonymes** !

Notez 5 mots que vous avez trouvés dans les puzzles notés ci-dessous (n°21, n°36, n°76) et essayez de trouver 2 synonymes pour chaque mot.

Notez 5 Mots du **Puzzle 21**

Mots	Synonyme 1	Synonyme 2

Notez 5 Mots du **Puzzle 36**

Mots	Synonyme 1	Synonyme 2

Notez 5 Mots du **Puzzle 76**

Mots	Synonyme 1	Synonyme 2

Défi n°2

Maintenant que vous vous êtes échauffé, notez 5 mots que vous avez découverts dans les Puzzles n° 9, n° 17, n° 25 et essayez de trouver 2 antonymes pour chaque mot. Combien pouvez-vous en trouver en 20 minutes ?

Notez 5 Mots du **Puzzle 9**

Mots	Antonyme 1	Antonyme 2

Notez 5 Mots du **Puzzle 17**

Mots	Antonyme 1	Antonyme 2

Notez 5 Mots du **Puzzle 25**

Mots	Antonyme 1	Antonyme 2

Défi n°3

Formidable ! Ce défi final n'est rien pour vous.

Prêt pour le dernier défi ? Choisissez 10 mots que vous avez découverts parmi les différents puzzles et notez-les ci-dessous.

1.	6.
2.	7.
3.	8.
4.	9.
5.	10.

Maintenant, composez un texte en pensant à une personne, un animal ou un lieu que vous aimez !

Astuce: Vous pouvez utiliser la dernière page de ce livre comme brouillon !

Votre Composition :

CARNET DE NOTES :

À TRÈS BIENTÔT !

Toute l'équipe

DECOUVREZ DES JEUX GRATUITS

GO

↓

BESTACTIVITYBOOKS.COM/FREEGAMES